上海市基础教育名师学术文库

中学化学开展项目化学习的
思考与实践

徐雪峰 金继波 张 莉◎主编

PROJECT
BASED
LEARNING

上海交通大学出版社
SHANGHAI JIAO TONG UNIVERSITY PRESS

内容提要

本书分为三章,分别从项目化学习的理论层面、教学设计以及实践案例分析等角度全方位介绍上海市第四期双名工程"高峰计划"化学基地课题组的研究成果。本书首先分析中学化学学科开展项目化学习的特点,然后结合单元教学对高中化学的学习内容进行系统规划,寻找化学与生产生活的契合点,以真实问题的解决为线索设计项目化学习案例,通过行动研究和案例教学形式开展实践研究,提炼化学学科开展项目化学习的特点和教学范式。本书梳理出项目化学习过程中常见的问题,在学科专家团队的指导下探索性地提出了"上海经验"和"奉贤做法"。本书能够为广大一线教师在学科教学开展项目化学习方面提供借鉴参考。

图书在版编目(CIP)数据

中学化学开展项目化学习的思考与实践/徐雪峰,
金继波,张莉主编. —上海:上海交通大学出版社,
2023.7

ISBN 978 - 7 - 313 - 26620 - 0

Ⅰ.①中⋯ Ⅱ.①徐⋯②金⋯③张⋯ Ⅲ.①中学化
学课-教学研究 Ⅳ.①G633.82

中国国家版本馆 CIP 数据核字(2023)第 080034 号

中学化学开展项目化学习的思考与实践
ZHONGXUE HUAXUE KAIZHAN XIANGMUHUA XUEXI DE SIKAO YU SHIJIAN

主　　编:	徐雪峰　金继波　张　莉		
出版发行:	上海交通大学出版社	地　　址:	上海市番禺路 951 号
邮政编码:	200030	电　　话:	021 - 64071208
印　　制:	上海文浩包装科技有限公司	经　　销:	全国新华书店
开　　本:	787mm×1092mm　1/16	印　　张:	12.5
字　　数:	249 千字		
版　　次:	2023 年 7 月第 1 版	印　　次:	2023 年 7 月第 1 次印刷
书　　号:	ISBN 978 - 7 - 313 - 26620 - 0		
定　　价:	79.00 元		

序

近 10 年来,国际范围内科学教育改革从关注"科学探究"到关注"科学与工程实践"的转型,体现中小学生"手-心-脑"三者高度合一的"创客课程"不断涌现,这些课程不仅涉及各学科知识的整合,激发学生的兴趣,而且基于项目学习让学生经历一个完整的学习过程,既考虑知识点的渗透,也提供综合运用所学知识解决问题的实践机会,体现了对学生创造性的培养,赋予了传统的项目化学习(Project Based Learning,简称 PBL)新的内涵,促进了对教育领域内学习方式变革的新探索。从本质上看,项目化学习的特征是一种以学生为中心的教学方式,它主张学生通过小组合作,解决源于真实世界中复杂、非常规且具有挑战性的问题,或完成一项源自真实世界经验且需要深度思考的任务,进而通过整合学科和跨学科知识发展学生的设计能力、动手能力和信息加工能力,培养批判性思维、价值观等核心素养。项目化学习被公认为促进学生创新能力发展的一种综合性的教学活动体系。

当前,我国基础教育课程深化改革的首要任务是落实立德树人根本任务,大力发展素质教育。学科全面育人成为中小学各学科课程标准修订的关键目标。核心素养集中体现了学科育人的价值,成为我国学科教育的重要突破口和未来人才培养的基本路径。进入 21 世纪以来,我国基础教育化学课程改革大力倡导"三维目标""科学探究""科学、技术、社会、环境"等理念,重视化学学科的价值,体现实验探究对学生科学素养发展的重要性,重视学生学习方式的变革。课堂教学注重结合当代社会发展实际,强化化学知识的应用,20 多年来取得了丰富的教学成果。然而,受传统分科课程的影响,"知识本位""教师中心"的现象在化学课堂教学中仍普遍存在,化学学习几乎就是围绕课本知识点及其延伸的练习,学生探讨的问题大多集中于课本中的知识,实验探究活动和问题基本上都是教师事先依照教学内容设计好的。"学案导学"教学法在各地流行,教师热衷于对学科知识进行条块式分解,缺乏引导学生整合知识和运用跨学科观念解决实际问题,一定程度上影响了学生学习批判性和创造性思维的发展。

在《义务教育课程方案(2022年版)》中,明确提出"强化学科实践""积极开展主题化、项目化学习等综合性教学活动"。《义务教育化学课程标准(2022年版)》在每一内容主题下列出"项目化学习活动",并以10%课时要求实施"跨学科实践活动"。显然,初中化学教学即将面对项目化学习的挑战。事实上,在化学教学中有关项目化学习的实施,仍有一些问题需要厘清:为什么需要开展项目化学习活动?项目化学习活动具有哪些任务类型?如何设计和开展项目化学习活动?如何根据化学实际教学需要改进项目化学习活动?等等。在高中阶段,教学任务繁重,以高考为目标的教学导向明确,项目化学习实施的难度和面临的挑战更大。因此,结合化学教学实际,探索高中化学项目化学习的教学经验是十分宝贵的。

上海市化学特级教师、正高级教师徐雪峰老师长期扎根于高中化学教学第一线,具有丰富的教学经验,勇于挑战传统的教学方式,从5年前开始率先在高中化学教学中尝试项目化学习实践,并以《基于新课程标准的中学化学教学项目化学习的实践研究》为题入选上海市第四期"普教系统名校长名师培养工程"高峰计划。几年来,通过对大量文献的梳理,厘清了项目化学习的育人价值以及与化学学科核心素养的关系,建构了化学项目化学习教学设计与实施研究的范式;丰富并创新化学教学模式,通过行动研究和案例研究提高教师项目化学习的设计能力;建设化学项目化的教学资源,构建项目化学习交流和展示的平台;实施不同化学单元的项目化学习,形成具有借鉴意义的化学项目化学习的操作范式;探索中学化学项目化学习的评价机制,形成全面落实新课程标准理念、促进学生化学核心素养发展的育人新径,为上海乃至全国提供了可操作性强的项目化学习的宝贵经验。

徐老师以上海市奉贤中学为主要的研究基地,汇集了多个学校教师的实践智慧,成立了不同学校、不同年级、不同内容单元的多个子课题研究小组,扎扎实实地深入研究,探索了高中化学项目化学习的实践路径、典型案例以及存在的问题。为破解项目化学习的综合性与中学化学知识系统性之间的矛盾,结合化学教学的实际,对项目化学习进行改良,提出了"微项目化学习"的概念,既保留了项目化学习的特点,又拓展了项目化学习的适用范围,提炼出高中化学"微项目学习"的教学范式,这对促进项目化学习的实施、调动教师投入研究和实践的积极性具有极为重要的意义。值得肯定的是,课题组不为各种理论所困,能结合国情、化学学科特点和地方特色,坚持数年,敢于实践,勇于反思,不断改进,对高中化学项目化学习进行了创造性的探索,从理论和实践的结合上形成的项目化学习的教学范式在全国范围具有推广价值。

本书是基于徐老师及所带领团队对近几年来项目化学习研究成果总结编写而成

的。书中理论线索清晰,实践案例丰富,抓住项目化学习教学的关键环节展开讨论,指导性强。本人有幸提前阅读了书稿,还多次受邀参与徐老师课题组的汇报和讨论,了解课题组研究的进展,也体会到老师们攻坚克难的艰辛。此外,本人有多次机会参与书中多个典型案例教学过程的现场观摩和课后点评,教学内容的组织和教师驾驭教学的能力至今令我印象深刻并从中受益匪浅。我与广大读者一样,期盼课题组能进一步实践,深入研究项目化学习对高中生化学学科核心素养持续发展的影响,深入探讨高中化学教师驾驭项目化学习的教学思路和能力结构,为在更大范围内培养化学教师项目化学习的教学水平提供积极建议和具体指导。

华东师范大学教授、

化学教育博士生导师

王祖浩

2022 年 9 月

前　言

在《普通高中化学课程标准(2017 年版 2020 年修订)》和《义务教育化学课程标准(2022 年版)》的引领下,中学化学课堂教学如何提升学生的学科核心素养成为广大教师关心和研究的热点问题,在学科教学中以真实的驱动性问题为情境开展项目化学习是一种有益的尝试。这些问题包括中学化学教学中如何开展项目化学习? 在学科教学中开展项目化学习有哪些问题值得关注? 等等。上海市第四期双名工程"高峰计划"化学基地课题组围绕这些问题开展了大量的实践研究工作。本书主要内容就来源于课题组的研究成果。

本书分为三章,分别从项目化学习的理论层面、教学设计以及实践案例分析等角度全方位介绍课题组的研究成果。本书首先分析中学化学学科开展项目化学习的特点,然后结合单元教学对高中化学的学习内容进行系统规划,寻找化学与生产生活的契合点,以真实问题的解决为线索设计项目化学习案例,通过行动研究和案例教学形式开展实践研究,提炼化学学科开展项目化学习的特点和教学范式。本书梳理出项目化学习过程常见的问题,在学科专家团队的指导下探索性地提出了"上海经验"和"奉贤做法"。

在课题研究过程中,上海市教委特别委派华东师范大学王祖浩教授为我们的学科指导专家,上海市教育功臣特级教师、正高级教师叶佩玉老师也热心指导并参与研究的全过程,为课题研究贡献了智慧。本书第一章由徐雪峰编写;第二章有多位老师参与,其中第一节由张莉、陈丹华编写,第二节由刘清华、马文斌编写,第三节由高平、蒋楠编写,第四节由侯素英、陆海霞编写,第五节由柴彦蕾、金丽霞编写,第六节由郭军、姚雪编写,第七节由张莉、陈丹华编写;第三章各节的教学案例均已署名。本书在编撰修订过程中,还得到了郑胤飞、杨卫国、徐建春、余方喜、娄华、王灿、沈正东、唐增富、徐凯里等老师的大力支持和帮助,一并致谢。

希望我们的实践经验能够为广大一线教师在学科教学开展项目化学习提供借鉴参考,我们的教训反思也能让大家少走一些弯路。由于研究成果多基于上海市郊区学校的实践,有些观点也是第一次提出,如有偏颇不当之处,欢迎读者批评指正。

编 者

2022 年 9 月

目 录

图目录

表目录

第一章

中学化学项目化学习的理论分析

　　本章主要讨论中学化学开展项目化学习的背景意义、理论依据、教学范式,以及实验反思与推广思路。

第一节　中学化学开展项目化学习的背景意义

一、项目化学习的起源及发展

文献研究表明,项目化学习起源于美国。19 世纪末 20 世纪初,面对社会发展出现的各种问题,美国的进步主义改革运动对教育改革提出了要求,要求学校教育培养学生能够综合运用所学知识解决实际生产生活中存在的问题,以及学生的创新意识和能力。

美国实用主义哲学家约翰·杜威(John Dewey)是进步主义的典型代表之一,他主张把传统的教室改造为工厂车间、售货店、食堂等,让学生自主生产和生活,遇到问题自己查资料,研究寻找答案,实现"做中学"的教学目标。通过教育改变人,进而改变社会,促进社会的健康发展。约翰·杜威的学生威廉·赫德·克伯屈(William Hurd Cobbler)在此基础上进一步提出了设计教学法并在全美推广试行。在设计教学法的实践基础上,20 世纪末逐步产生了项目化学习。

纵观项目化学习的发展历程,可以大致分为几个阶段:

初始萌发阶段。18 世纪欧美的工读教育、劳动教育可以算作项目化学习最早的萌芽。到了 19 世纪,以《合作教育宣言》为标志,美国的合作教育推动了项目化学习的蓬勃发展,让项目化学习日趋完善。

正式建构阶段。20 世纪初,克伯屈建构起完整的设计教学法的相关理论,1918 年他发表的论文《设计教学法在教育过程中有目的活动的应用》中首次提出项目化学习,即 Project-based Learning,简称 PBL。他认为,项目是在真实环境中所发生的、需要参与者持续进行的、有计划的问题解决行为。其主要过程通常包括目标、规划、实施、反思评价等四个阶段。

推广实践阶段。20 世纪末期,欧美广泛推行项目化学习,其教育模式被广泛应用于多个学科领域。21 世纪初项目化学习被引进国内,以上海的夏雪梅博士为代表的不少学者对其内涵和外延、特征要素等展开了全面的研究,并提出了本土建构的中国思考与实践。北京师范大学王磊教授的团队更进一步系统开展了学科领域内的项目化探索实践,取得了丰硕的研究成果。在"新课程、新教材"(以下简称"双新")背景下,项目化学习正在为越来越多的国内教师认识、接受和实践,成为促进学生学科核心素养培养的有效途径。广大教师结合学科特点探索项目化学习在本学科或跨学科学习中的实践模式与策略,优化学生的学习方式,促进学生的全面发展。

二、"双新"背景下中学化学开展项目化学习的意义

随着互联网信息技术和人工智能的飞速发展,知识的获取越来越方便,学生不仅要学习知识,还需要在持续的自我发现问题和自主解决问题中探索世界、认知自我、发展理性。而当前的高中教育过于关注学科、偏向知识,忽视对学生价值观念、必备品格和关键能力的培养。学生在现实的学习过程中仍然是"被动、浅层、脱离生活实际"。教师常发现,学生有可能知道了很多知识,但解决不了问题;学生有可能很会吸收知识,但提不出自己感兴趣的有价值的问题;学生有可能学习了很多解题方法,但换个新的情境就不知道如何处理。巴克教育研究所主编约翰·拉默尔(John Larmer)指出:"今天的世界发展要求学生在学校获得比传统的学术知识更多的东西,他们需要学习如何解决问题,如何创造性地思考,如何在协作团队中工作,他们还需要项目管理技能。"

2014年4月8日,教育部《关于全面深化课程改革　落实立德树人根本任务的意见》明确提出各学段学生发展核心素养体系,明确学生应具备的适应终身发展和社会发展需要的必备品格和关键能力。2018年1月,教育部正式发布最新普通高中课程方案和课程标准,重新修订了语文等14门学科的课程标准,新的学科课程标准进一步明确了高中育人定位,凝练了学科核心素养,优化了教学内容,补充了学业质量要求,增强了指导性。因此,着力发展学生的核心素养、提升综合素质,已经成为全面落实立德树人根本任务的重要目标。

《普通高中化学课程标准(2017年版2020修订)》倡导通过科学探究促进学生学习方式的变革,从化学学科核心素养到学业质量水平的描述,以及新的评价理念和命题设计,在一定程度上呼应化学学习的项目化方式。2020年上海市印发的《上海市义务教育项目化学习三年行动计划》,2022年教育部颁发的《义务教育化学课程标准》都对项目化学习提出具体明确的教学要求:"创设真实问题情境,倡导'做中学''用中学''创中学',开展项目式学习,重视跨学科实践活动。"

在"双新"背景下,如何寻找新的突破口,以落实新课标理念,培养学生学科核心素养,完善学生综合素质评价,创新育人模式?传统的教学往往不能培养学生21世纪的技能、思维方式和工作方式,而项目化学习却可以弥补此中不足。在许多真实的场景中都是项目化的运作方式,学生所做的工作比传统的作业更真实。它唤醒了学生的思想和心灵。一个好的项目可以让学生真正关心如何提高他们的项目质量,因为他们可以超越考试分数实现真正的目标。美国知名教育家汤姆·马卡姆(Thom Markham)认为,项目化学习是"知道"和"做到"的集合,项目化学习是在真实的问题解决活动中通过学生的经验激活那些无形的思维能力。学生学习相关课程的核心知识,并且应用所学知识解决真实问题,在这一过程中,学生和教师全程参与,共同关注问题的本质,寻求解

决路径,帮助学生清晰地意识到问题解决中的思考过程,进而提升其思维能力。

教师在化学学科中开展项目化学习,要对中学化学知识体系有更深刻的理解、认识和把握,项目化学习与深度的化学知识理解之间具有一致性,通过高阶的驱动性问题,进行创造、问题解决、系统分析等高阶认知策略,促进化学学科概念和化学能力的深化。

国内外文献显示,已有不少学者对项目化学习的本质、价值体现等理论问题有较为丰富的研究,为项目化学习的实践研究提供了坚实的基础;在实践层面有老师对综合类课程的项目化学习的主题论证和确定、活动规划设计等方面进行了探索。这些研究为我们提供了很好的借鉴和参考。同时课题组也发现,目前对化学教学中实施项目化学习缺乏整体性和系统性的思考。如国家督学张民生主任所说,在项目化学习过程中,如何将原本知识体系中的知识转化成问题项目是关键。解决这个问题必须有单元设计。一个大项目的完成往往是一节课无法完成的,必须在单元教学中整体考虑,单元教学为基础型课程教学实施项目化学习提供了操作的可能。建立在项目化学习的案例研究基础之上,如何设计真实性的驱动问题? 如何指导学生开展合作学习? 能否提炼出化学教学中开展项目化学习的一般策略和思路? 目前相关研究比较匮乏。

课题组研究的实践意义在于,探索项目化学习在化学学科教学中的应用,引导学生在自主探究问题解决的过程中学会学习与合作,有利于学生高阶思维能力的发展和提高,能够培养学生的问题解决能力和学习的自主性与调控性等学习品质。促进学生对概念的深度理解,实现跨越情境的迁移,使学生在新情境中创造出新知识,进而促进化学核心素养的养成。

化学核心知识、关键能力和概念均为项目化学习的核心,教师是否能够提出化学这个学科或跨学科的本质问题与概念,是衡量化学项目化学习质量的一个重要标准。关于中学化学项目化学习研究的理论意义在于,结合"双新"背景,对高中项目化学习的内涵和外延赋予新的时代元素,探索项目化学习育人价值与新课标核心思想的连接点,破解项目化学习的综合性与中学化学知识系统性的矛盾,并以此为突破口,探索中学化学项目化学习设计与实施模式,为中学化学教育研究提供全新视角的理论分析框架和依据。丰富学科教学中项目化学习的研究内涵,为全学科推进项目化学习提供有益的参考和借鉴。

第二节 中学化学开展项目化学习的理论依据

一、项目化学习的理论基础

项目化学习理论基础为建构主义学习理论、杜威的实用主义教育理论和布鲁纳 (Jerome Seymour Bruner)的发现学习理论。代表人物克伯屈强调教育与生活的紧密联系,注重调动学生在生活中自发产生的学习动力。主张从真实生活的整个情境中学习,突出学习内容的多样性。在他看来,参与生活是有效学习的重要因素,学生只有亲身参加某种活动,才能真正学到有关活动的知识和技能。克伯屈明确提出,在进行教学时,一定要先设立一个实际问题,然后由学生拟定计划和内容,运用有关的具体材料,在实际获得中解决问题。因此,整个教学包括设计的思考与各样的活动在内,一边思考,一边执行,既用脑,也用手。

以杜威的实用主义理论为例,杜威把思想过程分为五个步骤:①发现要解决的疑问或问题;②确定问题的性质;③提出解决问题的假说;④推论假说的含义;⑤通过观察实验弄清假说的含义是否与事实相符,然后决定接受还是抛弃。克伯屈的设计教学过程的四个步骤基本与上述问题解决法的五个步骤相一致,和我们现在的项目化学习的主要环节也是相符的。

二、项目化学习的内涵与外延

1. 项目化学习的内涵

对于项目化学习的内涵,美国学者肯尼思·阿德利(Kenneth Adderley)等人在 1975 年的界定至今仍有参考意义,共包含五个方面:

(1)项目涉及问题的解决,这一问题通常由学生自己设定,但也可以由教师提出。

(2)项目化学习涉及学生或学生群体的主动参与,需要进行各种教育活动。

(3)学生通常会产生最终产品(例如论文、报告、设计计划、计算机程序和模型)。

(4)项目化学习通常持续相当长的时间。

(5)教师在项目化学习的所有阶段(从开始、进行过程中到结束)都要扮演顾问的角色,而不是独裁的角色。

这一界定说明了项目化学习所具有的特征。参考美国巴克教育研究所,我国黄纯国、夏雪梅等专家的研究结果,本书将项目化学习界定为以真实的驱动性问题为线索,以创造性的成果为导向,以学生主动参与和教师引导为基础,以学科知识建构、关键能力培养为目标的探究性学习模式。

2. 项目化学习的外延

项目化学习的外延,意指符合项目化学习的基本特征,包含项目化学习的主要环节,结合具体的学习主题开发出来的微观学习类型。课题组根据学习主题,将项目化学习分为以下两种类型:基于学科主干知识的项目化学习和基于学科零散知识的项目化学习。

第一类:基于学科主干知识的项目化学习(常规型项目化学习)。此类项目化学习以学科内主干知识为学习主题,项目的驱动性问题涉及的概念较多,且概念之间具有内在的逻辑关系。因此,开展此类项目化学习时,教师需要根据知识的内在逻辑关系适时调整、拓展课程,促使学生将片段化的概念整合成具有内在逻辑关系的知识体系,形成对于知识的连贯性理解,从而促进学生有意义地学习,提升学生的综合能力。

第二类:基于学科零散知识的项目化学习(微项目化学习)。基于学科零散知识的项目化学习以学科内某一知识点或主题为学习内容,涉及的知识点较为零散,属于课题组界定的微项目化学习。开展此类项目化学习时,教师需要扎根于学科概念和原理,选取与教学内容相关的恰当的话题或情境,让学生积极地参与任务的解决过程。

项目化学习具有一定的综合性特点,这一特点决定了项目化学习较为关注多学科交叉知识。课题组老师还专门开展了跨学科的项目化学习研究。

三、项目化学习的六个维度

1. 核心知识

核心知识是项目化学习设计的起点,怎样的知识类型适合进行项目化学习呢?美国学者罗伯特·J.马扎诺(Robert J. Marzano)将知识分为四类:事实性知识、概念性知识、程序性知识和元认知知识。项目化学习的方式决定了它必然与程序性知识密切相关。同时,知识的习得过程也让学生不仅知道概念性知识,还能够理解概念的内涵和外延,并且能够在新的情境下运用概念,也就是促进学生形成概念性的思维。事实性知识的属性决定了它不适合项目化学习,但反过来,项目化学习却可以促进事实性知识的组织和意义化。和传统学习相比,开展项目化学习时,学生更加明确学习目标,需要对学习材料和学习计划进行管理,因此项目化学习一般要经历更高层次的元认知历程,使元认知知识得到增强。

2. 驱动性问题

真实的驱动性问题能够有效激发学生对概念机理的思考和探索。那么,怎样的问题容易激发学生主动思考呢?显然,类似"对不对"这样的简单问题不足以引发学生的深度思考,只有涉及学科大概念的本质问题,其外延具有一定的广度,内涵具有一定的深度,这样的问题无法"一目了然",才能够具备开展持续探究的学习要求,才可能成为开展项目化学习的驱动性问题。

3. 高阶认知

怎样才能激发学生的学习动力,持续探索驱动性问题呢? 马扎诺的学习维度框架提供了有效的认知策略:问题解决、创见、决策、实验、调研和系统分析。由于真实问题的复杂性决定了项目化学习的综合性,这也导致在学习中无法运用低阶认知策略解决项目化复杂的驱动性问题,项目化学习必然涉及高阶认知策略的运用。当然,不是所有的项目化学习都要经历全部的高阶学习。高阶学习和低阶学习又是密不可分的。项目化学习中的六类高阶认知策略在实践中一般都会涉及低阶认知策略,同时,这六类高阶认知策略之间也可以组合运用。

4. 学习实践

项目化学习实践充分体现了杜威的"做中学"的实用主义思想。项目化学习要求学生能够在陌生的复杂问题情境下进行灵活的心智转换,是包含知识、行动和情感的"学习实践"及"实践学习"活动。夏雪梅博士构建了五类实践的形态:探究性实践、审美性实践、技术性实践、社会性实践和调控性实践。在具体的项目化学习活动中,这五种形态的实践可以有一定的交叉和融合。在化学学科项目化学习活动中,学生更多进行的是探究性实践,当然,也可能涉及其他形态的实践活动,比如社会性实践、审美性实践等,学生要像学科专家那样对从驱动性问题中分解出的学科问题进行思考和实践。

5. 公开成果

和传统学习靠试卷检测学习效果不同,项目化学习需要形成公开的有质量的成果,并在不同的群体中进行交流,包含做出来的成果和对怎么做出来的说明。项目化学习的成果可以有不同的表现形式,在化学学科里同样也可以有不同的表现形式,比如,可以是类似实验装置的设计与改进等实物类作品,也可以是在解决驱动性问题过程中形成的对某现象问题的认知模型等非实物类作品。无论成果是何种形态,项目化学习都要求成果不仅必须指向驱动性问题,体现学习过程的真实性,还要指向对核心知识的深度理解,体现学习思维的深刻性。另外,项目化学习需要考查学生个体和团体的学习效果,因此项目化学习的成果需要包括个人成果和团队成果。

6. 全程评价

项目化学习的评价是全过程的,项目化学习注重过程性这一特点决定了其评价必有过程性评价,其过程中学生的学习行为及团队合作时的行为如何可以用表现性评价来进行衡量,最终成果呈现情况可以通过总结性评价进行衡量。从这里可以看出,项目化学习的评价形式是多样的,评价主体也同样是多元的,不仅是师生之间、学生与学生

之间,而且还可以引入家庭社会力量的参与。项目化学习的评价应该指向学习目标,主要考查学生项目化学习的三个方面:

(1) 项目化学习的成果是否解决了驱动性问题?

(2) 在项目化活动中是否体现出持续的深度学习?是否在新情境中有迁移应用?

(3) 过程性的成果是否能够证明相应实践的发生?

第三节　中学化学开展项目化学习的适切性分析

一、化学学科开展项目化学习的优势（特点）分析

化学是一门研究物质的性质、组成、结构、变化、用途、制法以及物质变化规律的自然科学，与工农业生产、日常生活等均有十分紧密的联系。化学的学科特点决定了在学习研究化学和应用化学的过程中会遇到各种情境和问题，这些真实的问题就成为开展项目化学习的良好机会和坚实基础。从课程理念、课程目标、课程结构、课程实施等多方面分析《普通高中化学课程标准（2017 年版 2020 年修订）》，可以看出，项目化学习和新课标的育人目标和方向都指向学生的学科核心素养的培养，操作层面都要求以真实的问题情境为学习出发点，以及学科知识的获得是载体，促进学生学科素养的养成是方向，持续的探究是途径，成果的展示是学习交流的多种形式之一。项目化学习围绕真实问题的解决需要综合运用各种知识和技能，必修课程内容的主题性和实施路径的整体性在这方面是契合匹配的。因此，"双新"背景下开展项目化学习既是新一轮基础教育课程改革背景下教育改革的需要，也是落实学生核心素养培育促进学生全面发展的需要。在上海非统编化学新教材中还专门安排了部分项目化学习的案例以供师生学习选用。

二、对化学学科项目化设计进行学科规划（以高中化学为例）

上海市奉贤中学是课题组基地学校，课题组根据《高中化学教学基本要求》所划单元对高中化学核心内容开展项目化学习进行了初步的单元规划，如表 1-1 和表 1-2 所示。

表 1-1　课题组对高中化学核心内容进行项目化学习单元的划分

序号	单元主题	学习活动建议
1	原子结构	暂无合适项目
2	化学键与晶体	暂无合适项目
3	氯的单质及化合物	讨论日常生活中含氯化合物的保存与使用；含氯消毒剂及其合理使用

（续表）

序号	单元主题	学习活动建议
4	氧化还原反应	暂无合适项目
5	元素周期律	自主设计制作元素周期表；查阅元素周期律(表)对发现新元素、制造新物质、开发新材料的指导作用；稀土资源的开发与利用
6	物质的量	暂无合适项目
7	定量实验	汽车尾气中氮氧化物等污染物的测定；食物中亚硝酸盐等含量的测定；空气中二氧化硫等污染物含量的测定；补铁剂、抗酸性胃药中有效成分的检验；不同水果中维生素 C 含量的比较；水体富营养化、COD(化学需氧量)或 BOD(生化需氧量)的测定
8	物质变化中的能量变化	设计制作简易即热饭盒；用生活中的材料制作简易电池，探究干电池的构成；查阅不同种类电池的特点、性能与用途，调查新型能源的种类、来源及利用；化学反应热效应在生产、生活中的应用，如热敷袋与冷敷袋等；电池的历史沿革和发展，如伏打电池的发现、干电池的改进、燃料电池的应用
9	硫的单质及化合物	从含硫、氮物质的性质及转化的视角分析酸雨和雾霾的成因、危害与防治；火山喷发中含硫物质的转化；食品中适量添加二氧化硫的作用(去色、杀菌、抗氧化)；酸雨的成因与防治
10	化学反应速率与化学平衡	催化剂在调控化学反应速率中的作用，如工业制硝酸(或硫酸)、合成氨、汽车尾气处理等反应中的催化剂
11	电解质溶液	调查水体重金属污染及富营养化的危害与防治
12	铁的单质及化合物	收集我国金属资源状况；了解金属冶炼与人类发展史的关系；结合真实情境中的应用实例或通过实验探究，了解钠、铁及其重要化合物的主要性质，了解它们在生产、生活中的应用；补铁剂；印刷电路板的制作；打印机(或复印机)使用的墨粉中铁的氧化物(利用磁性性质)；菠菜中铁元素的检测
13	铝的单质及化合物	
14	甲烷与烷烃	设计一些小实验，证实有机物的特点；调查上海地区油气使用和资源开发情况；了解上海地区乙烯生产基地；设计实验：乙烯的催熟作用；结合实例认识高分子、油脂、糖类、蛋白质等有机化合物在生产、生活中的重要应用；固体酒精的制备；吸水性高分子材料与常规材料吸水能力的比较；不同塑料遇热软化的难易程度的比较；垃圾焚烧、PX(对二甲苯)事件等社会性议题的讨论；家居建材中的甲醛和苯的检测；可燃冰、页岩气等资源开发利用的讨论；酒后驾车的检验；常见体检指标中的有机化合物；塑胶跑道的材料、手机贴膜等
15	乙烯、乙炔、苯与不饱和烃	
16	烃的衍生物	
17	化学与工业	垃圾及废弃物的分类、回收处理与循环利用；可降解塑料

表 1-2　高中各学段单元教学分解子项目(部分)

年级	单元	子　项　目
高一	物质变化中的能量变化	设计制作简易即热饭盒
		用生活中的材料制作简易电池,探究干电池的构成
		查阅不同种类电池的特点、性能和用途,调查新型能源的种类、来源和利用
		化学反应热效应在生产、生活中的应用
		电池的历史沿革和发展
高二	化学实验	具有启普发生器功能的实验装置的设计与制作
		补铁剂中铁元素含量的测定
高三	氯的单质及化合物	从大自然中获取卤素单质
		讨论日常生活中含氯化合物的保存与使用
		含氯消毒剂及其合理使用
		氯水的性质及成分探究

　　根据规划,选择适当内容开展实践研究。在有序规划的基础上,在各个学段积极开展项目化学习案例的实践研究。

　　从课型上分析,一般讲评课不太适合实施项目化学习,新授课则根据所学内容(见表 1-1 和表 1-2)选择性适合,复习课包括章节复习、单元复习,甚至包括知识模块复习,由于涉及面宽,有一定的综合性,和项目化学习有着共同特点,只要找到恰当的驱动性问题,是较为适合开展项目化学习的课型。

第四节　中学化学开展项目化学习的教学范式

一、中学化学开展项目化学习的教学范式

在大量案例研究的基础上,课题组提炼出中学化学开展项目化学习的教学范式,如图 1-1 所示。

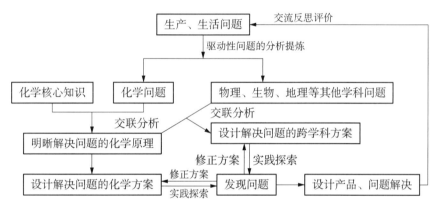

图 1-1　中学化学开展项目化学习的教学范式

二、项目化学习实践中的问题分析

研究表明,在高中学科教学中开展常规型项目化学习也遇到了一些亟待解决的问题。

目前,常规型项目化学习实践中遇到的困惑主要表现于,在针对项目化学习这种新型的学习模式进行的培训过程中,教师表现出很大的热情和对该学习模式的极大肯定,然而面对升学压力和学校之间的竞争,在回到课堂教学中时,往往很少有教师真正地进行尝试。经过分析主要集中在实践中暴露出的几个矛盾问题。

(1)升学压力与素养教育协调共进步伐不够统一的矛盾。虽然不乏热衷于新鲜事物和挑战的教师对项目化学习进行尝试并在实践操作层面开展了一些有益的探索,获得了些许成果,也涌现出一些相关的案例分析,但多数是点状的分散性研究和实践,并且集中于基础年级。至于毕业年级,即使是花费 1~2 课时可以完成的项目化学习,在巨大的升学压力下也是很奢侈的,难以被毕业班教师所接受。

（2）项目化学习的综合性与学科学习的系统性之间的矛盾。引发项目化学习的驱动性问题因其真实的背景而具有一定的复杂性，这也导致解决问题的方法途径往往是各类知识综合性的运用。而学科教学往往是单一学科按学科逻辑关系展开的系列活动，因此项目化学习的综合性与学科学习的系统性之间存在一定的矛盾。

（3）项目化学习的高要求与教师指导力不足之间的矛盾。现实生活中问题的复杂性对解决问题需要的知识与能力提出了更高的要求，已经习惯于书本知识传授的教师从知识结构到指导能力都可能力不从心。

（4）项目化学习的高要求与学校条件设施不足的矛盾。为传统教学配置的教学设施与教学条件无法解决实际生活问题情境下的真实问题。无法解决的客观困难让一些师生对项目化学习望而却步。

三、破解困惑的方法之一——微项目化探索

这种情况下，课题组提出了化解项目化学习的综合性与中学化学知识系统性的矛盾方法之一——微项目化。这里所指的微项目教学是一种以学科核心概念为中心，以微型项目为载体，所研究的驱动性问题可以是真实性的小问题也可以是有应用场景的学科问题，引导学生在问题解决的真实情境中开展一系列探究活动的教学形式。马扎诺目标分类学中五个维度的学习、八种推理方法等为微项目的设计和实施提供了理论基础。

1. 微项目学习与常规项目化学习的比较

微项目学习仍属于项目化学习，它们都是以学科概念和原理为中心，在真实问题的驱动下，借助多种资源开展探究活动，并在一定时间内解决实际关联问题的探究性学习模式。

微项目学习和常规项目化学习有一些不同之处。比如，学习内容主题的特征不同。常规项目化学习主题一般是学科中的主干知识或者是核心知识，而且是系统性较强的知识，往往以单元的形式呈现。微项目的学习主题可以属于核心知识，也可以属于学科边缘知识，相对比较分散。

由于需要完成的任务的复杂性和涉及知识覆盖面的不同，导致项目化学习的时间也不同。常规项目式学习解决的是系列关联性较强的大问题，因此所需时间相对较长，大概是 3~4 课时甚至更长。微项目式学习由于需要解决的问题是相对独立或者关联性较弱的小问题，因此时间可以更短，1~2 课时或者 1 课时以内就基本可以完成。

由学科主干知识的系统性和逻辑性决定了整体上教学必须进行单元规划和单元设计，根据教学内容要求，选择实施常规项目化学习，或者将知识解构，开展微项目化学习，实现学习的解构，在点状知识学习的基础上依据学科知识的内在逻辑关系重构知识体系，从而实现单元知识的结构化。

在实际工作中，高中学科教学由于承载着升学的压力，课时往往比较紧张。因此，

围绕一个问题进行大的项目化学习活动不可能成为主流,反而是根据实际情况灵活机动地安排微项目学习能够被广大高中教师普遍接受。简单地说,大问题大项目,小问题微项目。微项目既体现了项目式学习的核心要素和特征,又与章节的核心知识紧密关联,轻便灵巧,便于组织实施,适应我国的国情。

2. 适合进行微项目学习的化学课程内容

在高中化学知识体系中,什么内容或者具有怎样特征的内容适合开展常规型项目化学习,哪些又适合开展微项目学习,哪些内容可能较难实施项目化学习?

研究表明,适合项目化学习和适合开展微项目学习的学习内容具有不同的特征。如"家用消毒剂漂白剂的制备研究"的核心内容相对比较集中,涉及的元素化合物知识集中于氯及其化合物(主要是次氯酸及其盐),涉及的化学理论集中于氧化还原反应,而这两个板块内容又是相互交织的,借助次氯酸性质这个外显特征贯穿氧化还原反应这个内隐的本质线索。类似这样的核心知识内容相对集中的单元为开展常规项目化学习提供了可能性。

首先,高中化学中有些问题涉及的内容相对比较分散,不适合安排多个课时连续学习,这样的学习就可以考虑微项目学习。比如,在实验教学中,有的学生对各种气体制备装置气密性检查原理和相关操作不甚理解,有的学生对易溶性气体的倒吸现象不甚理解。类似这样的小知识点都属于理化交叉问题,用3~4课时讲解就不合适,可以设计成微项目在1课时内解决问题。

其次,驱动性问题真实性的外显程度也影响着实施途径的选择。比如,有的情况很容易在真实的生活背景中找到项目化学习与学科核心知识学习两者的契合点,从而较容易形成真实的驱动性问题。而有些学科内容属于抽象的归纳型知识,难以发现(或找到)与真实生活场景的契合点,难以形成真实的驱动性问题。此时,就难以设计成常规的项目化学习而言,如原子结构晶体结构等就和实际生活生产有一定的距离,相关问题就较难开发成项目化学习。

课题组参照《高中化学教学基本要求》的高中化学知识板块的划分,初步梳理了相关情况,如表1-3所示。

表1-3 适合开发成微项目化学习的化学核心知识的分布情况

序号	知识模块		实施微项目化学习的可行性	案 例
1	物质结构(原子结构、化学键、晶体)		较难	暂无
2	物质的变化	物质变化中的能量变化	选择性适合	"自嗨锅"的研究制作
		速率与平衡	选择性适合	"一炷香的功夫"是多长时间?

（续表）

序号	知识模块	实施微项目化学习的可行性	案 例
	电解质溶液	选择性适合	如何鉴别两瓶同浓度（假设浓度为0.1 mol/L）标签模糊的盐酸和醋酸？
	氧化还原反应	选择性适合	家用消毒剂漂白剂的制备研究
3	元素单质及其化合物（含元素周期律）	素材丰富，较适合	体"铁"入微
4	有机化学	素材丰富，较适合	酒酿的制作与研究
5	化学实验	素材丰富，较适合	具有启普发生器功能实验装置的设计
6	化学技术与社会	素材丰富，较适合	如何选择黄桃种植适宜的土壤和肥料？

3.（微）项目化学习的情境特征

（1）生产生活化的情境。生活化情境包括应用情境，问题源于生活，知识就是生活生产经验的总结与提炼，这个情境应该是学生所熟悉或者有所了解、有所接触的生活情境。

（2）密切相关的情境。这个情境不仅仅是学生所熟悉的情境，还应该是和学生的学习生活紧密联系的情境，涉及的相关学科知识学习应该属于学生的最近发展区，是学生"跳一跳就够得着"的区域。

（3）实用价值的情境。生活生产中的问题有很多，我们不能面面俱到，要有选择性，选择有价值的问题，通过学习和研究，解决问题后能够带来价值收益的潜在可能。

（4）多方向研究的情境。哪怕是同一情境，也可以组织开展不同研究方向的项目化学习。比如"黄桃的种植"项目化学习可以是生物方面嫁接、育种方面的项目化学习，也可以是土壤环境、化肥使用等涉及化学学科的项目化学习。

4.（微）项目学习的设计原则

（1）真实性原则。驱动性问题是学生自身在学习过程中遇到的真实问题，这样的问题才能最大限度地调动学生学习的积极性，即"我要学习的就是我想知道的"。

（2）目标性原则。建构主义认为学习是学习者主动地建构自己的知识经验的过程，因此，设计项目时要以学生的知识能力、情感经验为基础，同时紧扣课程标准的教学要求，在解决问题的过程中促进新知识的生成、吸收和同化，提高教学效果。

（3）可行性原则。选择短小精悍的微项目，从课程目标出发，使学生能够在较短的时间内通过自主或协作完成项目，在完成任务后，学生也能获得学习的成就感。

（4）梯度性原则。将1课时的学习内容按照核心概念的内在逻辑关系设计成一个个彼此相关的小任务，前一个任务是后一个任务的基础，后一个任务是前一个任务的提升,任务之间有一定的梯度,形成具有逻辑结构的知识链,从而引导学生不断地思考并深化对课程内容的理解,提高思维能力和解决问题的实践能力。

(5)趣味性原则。趣味性强的项目能激发学生的学习兴趣,提高学生的主观能动性,同时项目的难度要适中,问题太难学生会感到棘手而失去解决问题的信心;问题太简单,学生会感到索然无味,没有探索的兴趣愿望。当然,这种趣味性必然打上学段的"烙印"。对于高中学生而言,问题的趣味性不是肤浅的,而应该是有一定的学科思维深度的,趣味中不乏挑战性。

(6)延伸性原则。项目学习相对比较开放,学生学习的主体性地位更加凸显。活动过程中也常出现各种意外情况的干扰,很多时间可能浪费在价值意义不大的问题上,导致留给核心活动的时间可能并不多。因此,教师在课前一定要安排好课上任务和课下任务。学生可以自主完成的任务尽量留到课下去做,如查阅资料,分工合作等。另外,在项目实施过程中,教师要加强管理,保证学生进行项目学习的效率及有效性。

5. 高中化学微项目学习的教学范式

课题组以案例的形式开展了多项实践研究,在此基础上提炼出高中化学开展微项目学习的教学范式,如图1-2所示。

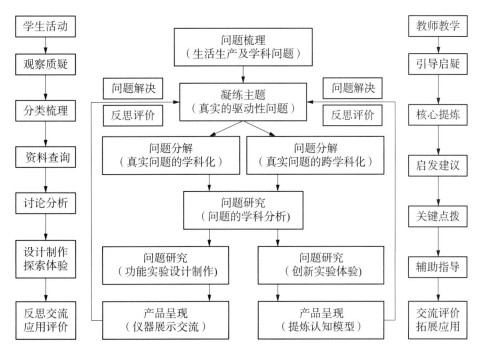

图1-2　高中化学实施微项目学习的教学范式

第一环节:真实的驱动性问题的产生。如高三实验内容很多,涉及元素化合物性质、物质制备、物质检验等内容,有定性分析也有定量测定。学生的问题也各有不同。教师鼓励学生提出自己的质疑,在广泛搜集学生学习疑难问题的基础上,引导学生进行分类梳理,凝练主题,设计出真实的驱动性问题。

第二环节:驱动性问题的学科化分解。如果学生不能理解这些真实问题背后蕴含的学科知识,这种问题是不能直接拿来进行学习的,需要教师启发引导,大家合作共同揭示真实问题的学科背景甚至是跨学科背景,这就是对真实问题的学科化分解和跨学科分解。这样把大的真实驱动性问题分解成若干小的学科、跨学科问题。

第三环节:问题的学科分析和研究。组织学生进行小组合作,开展学科分析。根据需要分别进行功能实验的设计与制作或者创新实验的设计与体验。

第四环节:项目化学习产品的呈现与交流。不同内容的项目化学习,其产品呈现形式也各有不同,可以是具体的实物产品,比如所设计的实验仪器。也可以是抽象的学习方法途径,比如通过创新实验体验气密性检查的方法,并提炼出关于气密性检查的认知模型。

第五环节:真实驱动性问题的解决。用设计的实验仪器或者是提炼出的认知模型应用到实践中尝试解决实际问题检验实践效果。对项目化学习的产品以及项目化学习过程开展师生之间或者学生与学生之间的多元评价。

在这个教学范式的指导下,课题组组织在初高中各个学段开展了更加丰富的案例研究,检验和完善相关研究成果。具体内容详见第五节。

第五节 项目化学习的实践反思与推广思路

一、项目化学习的实践效果

1. 真实情境真实问题优化学生的学习方式

"适合黄桃生长的土壤"项目学习使学生真正的从被动的灌输式学习转化为主动学习。上海市格致中学特级教师、正高级教师娄华点评道,该案例立足于曙光学校多年农垦历史文化的积淀,以学校属地上海市奉贤区特产水果——黄桃的种植关键要素研究为出发点,聚焦黄桃种植和生长过程中涉及的离子反应理论及土壤中化肥的综合利用等高中化学的核心知识,并融入与之相关的生物、地理及人文历史等学科的知识、技能和方法,挖掘多学科的交叉点,依据项目化学习设计的内在逻辑,将低阶认知包裹于高阶认知中,规划学习的内容、情境、活动、结果和评价,呈现出教学设计的项目化转化的完整样态。案例设置了不同层级的能力活动任务,旨在促进学生的高阶认知能力的发展。通过实施探究性实验、调研评估和调控性实践活动,学生自主提取、调用和迁移多学科的知识和方法,完成核心知识的再构建,在项目中提升能力,实现成长。

2. 跨学科微项目学习促进科学探究和创新意识等核心素养的形成

比如在高三案例"启普发生器功能装置的设计"项目化学习中,让学生根据压强原理,全程参与具有启普发生器原理的装置设计与制作,让学生能像科学家一样设计和优化科学仪器,这是一件很有意义的事情。而且,这样参与设计的全过程,既能够体验科学探究的艰辛,也能够感受成功的快乐;既强化了学科知识的理解,也提高了实际问题的解决能力,在实践中有效促进学生科学探究和创新意识等核心素养的培养。特别是有学生利用物理沉浮子来进行化学装置的设计,更凸显了学生的创新能力。

3. 项目化学习加快学生科学精神和社会责任等学科素养的养成

有学生这样说道:"原来以为自己的设计很完美,但是,同学们的质询让我清醒了,我的设计还有一些缺陷,需要进一步修改,我真的感受到什么叫'旁观者清'。正是同学的质询才让我认清了自己的不足,净友让我进步!""原来我觉得自己的设计是最好的,没想到冯同学还有跨学科的设计。'山外有山',我要多多向其他同学学习。"从学生的体会交流中我们可以看到,这节课不仅让同学们明确了启普发生器的工作原理,成功仿制了启普发生器,更重要的是通过这个项目化的学习活动,让学生受到科学精神的熏陶,也认识了合作学习的重要性,甚至对他们的人生观都有一定的启示作用,这也是意料之外却又是情理之中的收获。"体'铁'入微"项目通过学习活动学习定量测定的新设备、新方法,相关生涯教育使学生对将来的职业有所了解,并对生活中流传的各种补铁谣言进行击破。让学生感受科技进步对人类发展的影响,感悟知识改变生活,提升学生努力学习知识造福社会的情怀。

4. 持续的体验式项目化学习促进学科模型认知的形成

项目化学习要求每位学生结合自己在小组内承担的工作、遇到的困难以及如何解决困难等过程进行自我反思,写出设计过程的心得体会。有学生在课后表示:"设计并制作仪器比做题难多了。"没有亲身参与是不可能产生这样的感受的。在诸多实验装置气密性检查分析的基础上,教师引领学生提炼出一般的方法原则,再推广应用,学生普遍感受到气密性检查不再显得那么难了,因为他们通过包括动手实验在内的亲身体验习得了关于气密性检查的认知模型。

5. 项目化学习助推科学素养优化亲子关系

通过项目化学习解决了真实的问题,也引领学生学会用科学的视角来认识生活、改进生活。亲身参与整个探究学习过程的学生,对化学的认识绝不仅是枯燥乏味的化学式、化学方程式,也更深刻地领悟了化学是认识自然界的"一把金钥匙"。有的学生甚至在家长的积极支持和帮助下,共同完成探究,学生体验到和家长一起学习的快乐,既学到了知识,还优化了亲子关系。这也是课题组意外的收获。

6. 项目化学习有力提升教师的专业素养

教师自身要加强学习,提高自身的知识储备,提升对学生开展项目化学习的指导能力。教师在实践中提升了专业素养水平,到目前为止,基地有 3 本专著出版,6 篇文章发表,3 个课例获奖,特别是奉贤中学的张莉老师通过开展系列化的项目化案例研究,发表多篇研究论文并顺利通过正高级职称评审,成为奉贤最年轻的正高级教师。

课题组组织老师进行项目化学习的理论学习比较充分,这样的学习让教师快速认识了项目化学习,从"门外汉"迅速成为开展项目化学习的实践者和研究者。在学习理论的同时,课题组对项目化学习的现状进行了调查分析,从教师和学生两方面了解项目化实践开展的一些基本情况。从学校、教研组到备课组进行层层规划,落实举措,助推教师在课堂教学中积极开展项目化学习的实践探索。

二、项目化学习的研究反思

1. 项目化学习的实施有学科和学段特点

课题组在实践研究中发现,中学化学学科教学中开展项目化学习有着鲜明的学科特点和学段特点。低年级学段的项目化学习可以更多呈现生活化的背景,并从中设计驱动性的问题,而高年级学段可以适当抽象化一些,可以不全是生活化情境下的问题设计,也可以围绕学科核心知识或者课堂上学习过程中发现的问题来考虑驱动性问题的设计。学生在项目化学习过程中的参与程度很大程度决定了其领悟程度。

2. 项目化学习的活动组织需要团结协作

开展相关项目化学习涉及的学科和内容可能较多,需要做大量的准备和组织工作。单靠一个教师力量单薄,可能有些力不从心,也容易让教师产生畏难情绪,最好动员备课组甚至教研组全体教师的力量。如果是跨学科的项目化学习,更需要多学科教师的协同合作。

无论是哪一种学习方式,既有优势也会有局限。不是所有的内容学习都要通过项目化学习来进行。不能把某一种学习方式神话化。翻转课堂、单元教学、项目化学习等各种形式的学习都各有长处也各有不足。"教无定法",我们要因材施教、因人施教。

三、项目化学习的推广价值及后续研究方向

研究成果聚焦化学学科教学中如何开展项目化学习,从学科核心知识的角度充实了学科教学实施项目化学习的理论分析和案例研究。研究表明,无论是高中化学还是初中化学,实施项目化学习都存在包括课时限制、教师指导力、评价管理等一些实际困难。针对存在的问题,课题组开创性提出微项目化的研究思路,灵活机动地拓宽了中学化学教学开展项目化学习的实践路径。研究表明,虽然项目化学习有助于学生核心素养的培养,但也不是所有的内容都适合开展项目化,需要教师根据核心知识特点进行选择。在此基础上,还需进一步根据学习内容及条件等多因素设计项目化或微项目化等多种样态来实施。只有这样,才能最大程度激发教师的实践积极性,也最符合核心知识对教学组织形态的需求。课题组丰富的理论与实践研究可以为广大教师开展实践提供借鉴和参考,特别是课题组在大量实践研究的基础上提炼项目化学习(包括微项目化学习)教学范式,给广大教师开展项目化实践提供了有力的支撑。

课题组在实践研究过程中也遇到一些问题,也期待更多的老师在推广实践中进一步深化研究。

(1)学科教学中开展项目化学习实践的时间和空间有待进一步拓宽。学校很重视项目化课题的推进工作,设置了长课和短课等不同类型,以方便项目化学习的实施。但是在等级考和教学进度的压力下,可以给项目化学习开展实施的时间和空间还很有限,教师的实践积极性有待进一步激发提升。

(2)项目化学习如何与学科教学有机结合还需要深入研究。项目化学习的实践需要有哪些注意的地方?教师角色定位怎样?如何更有效指导学生?这些问题都需要逐步在实践中厘清和完善。

(3)项目化学习的管理保障与评价方面研究不足,有待后续进一步研究充实。

(4)通过案例研究,探索中学化学开展微项目化的有效策略。

第二章

中学化学项目化学习的教学设计

　　当前,上海市不少学校都开展了化学项目化学习的实践研究,并取得了初步的研究成果。以徐雪峰、金继波化学特级教师工作室学员为主要研究人员,以上海市奉贤中学、曙光中学为代表的部分高中及奉贤区部分初中为实验学校,针对项目化学习的条件及关键要素开展了研究,在理论指导下,结合项目化学习的实践研究,从教学案例中提炼出中学化学开展项目化学习的条件及各要素的实施策略,以期对同类学校有所借鉴。

第一节　中学化学开展项目化学习的条件分析

项目化学习是当前教学改革的趋势和要求。在中学开展项目化学习需要怎样的课程、环境、师资等条件,才能促进项目化学习的落地呢? 我们从国家育人政策、化学学科需求、学生发展需求出发,对中学开展项目化学习的环境和条件进行分析。

一、中学化学开展项目化学习的重要性

素养导向下的教育改革进入了一个新的时期,在培养学生素养的道路上,需要使用什么方法和策略? 项目化学习很好地回答了这一问题。项目化学习是国家教育改革发展的需求。国家"十四五"发展规划及上海市化学新教材、义务制教育新课标都对项目化学习有所关注。

1. 项目化学习符合学生发展需求

项目化学习符合中学生化学素养发展的需求,不同年级的学生具有的能力不同,对核心知识能力和素养的培养要求也不同,我们要创设不同类型、不同层次的项目化学习,以满足不同年级、不同层次学生的需求,促进学生化学素养的提升。

项目化学习符合高中生学习特点和客观实际。项目化学习着眼社会价值、应用、科学态度的整体课程设计,在情境中解决复杂学科及跨学科问题,融育人和学科教学于一体,从而产生"1+1>2"的效果。根据高中学生具有的知识能力特点,适合在高中化学开展"科学探究与创新意识"的综合性、实践性的项目化学习,帮助学生学会如何解决问题、合作学习,培养创新探究实践能力。

项目化学习符合初中生化学素养和学习习惯。实践发现,在"双新"背景下,项目化学习对学生多元化、高层次发展有着积极和深远的作用。素是平素,养是养成,素养就是在平素积少成多养成功夫。初中化学是学生学习化学的启蒙阶段,在这个重要的学习过程中如何既获得学科的核心知识、提升关键能力,又能培养学科素养促使其终身学习和发展呢? 基于项目的学习活动,设置了真实有意义的主题,引导初中生协作完成,用高阶认知带动低阶认知,在提升教育教学质量的同时,学科素养也就潜移默化地在项目化学习中逐步形成和发展。

项目化学习是学校培养学生的重要途径之一。学校要培养什么样的学生,就需要进行什么样的教学改革。不少学校在"十四五"发展规划中将项目化学习纳入教学改革

的重点。例如,上海市奉贤中学在"课程实施规划"中,注重凸显项目化学习、学科素养培育、综合素质培养要求,真正将学科的育人目标在课堂教学中落地。上海市奉贤区育秀实验学校在 2020 年课程计划中,将实践探索项目化课程列为重点工作之一,让项目课程满足每一个孩子的发展需要,使学生的德智体美劳得到全面发展。

2. 国家教育提出项目化学习要求

2019 年 6 月国务院办公厅《关于新时代推进普通高中育人方式改革的指导意见》指出,要"积极探索基于情境、问题导向的互动式、启发式、探究式、体验式等课堂教学,注重加强课题研究、项目设计、研究性学习等跨学科综合性教学",为项目化学习提供了研究方向。

2021 年 1 月上海市人民政府办公厅印发《关于本市新时代推进普通高中育人方式改革的实施意见》,提倡变革教学方式,要"积极探索大单元、大任务、真实问题情境的教学设计,注重启发式、互动式、探究式、体验式等教学方式……结合社会问题开展跨学科、项目化、研究性学习"。

3. 化学学科要求进行项目化学习

在传统高中化学教学中,重知识轻能力,重结果轻过程,造成高中生科学探究能力和创新意识较薄弱。而项目化学习是将学生置于真实的活动情境中,通过自主、合作、探究学习来解决现实问题,注重对学生创造性思维与合作能力的培养,与高中新课程理念不谋而合。随着 2017 年化学新课标的发布,项目化学习逐步走进化学教育工作者的视野。

2020 年 5 月《普通高中课程方案(2017 年版 2020 年修订)》指出,普通高中教育要促进学生全面而有个性地发展,为学生适应社会生活、高等教育和职业发展作准备、为学生的终身发展奠定基础。提倡综合使用多种方式开展选修课程的教学,如实验探究、专题调查、参观访问、科普宣讲、专家讲座、专题论坛、文献研讨、读书报告等,鼓励开展主题性实践活动和项目化学习活动。高中化学新教材融入单元项目化学习的设计,为提升学生"科学探究与创新意识"的化学学科核心素养提供了有力支撑。

2020 年 10 月上海市教委发布的《义务教育项目化学习三年行动计划(2020—2022年)》指出,以创造性问题解决能力为导向,以项目化学习的实践和研究为着力点,以活动项目、学科项目、跨学科项目为载体,促进义务教育学校教与学方式变革,进一步激发学校办学活力。2022 年 4 月发布的《义务教育化学课程标准》中也提出,创设真实问题情境,倡导"做中学、用中学、创中学",开展项目式学习和各种跨学科实践活动。两份文件的出台,为在初中化学学科中开展项目化学习提供了指导和支持。

因此,如何理解新教材和新课标,挖掘项目化学习资源,开发适合学生的项目化学习,值得一线教师去探索、研究。

二、中学化学教学中开展项目化学习的条件

项目化学习是素养导向下教与学方式的变革,受到了很多学校的追捧。学校在开展和实施项目化学习时,需要顶层设计的整体规划和对应的硬件、软件环境支持,从课程、资源、环境、师资等方面为中学项目化学习的开展提供条件保障。

1. 课程保障:优化课程设计,提供教学保障

为了让项目化学习更有效地开展,学校首先应改革课程设置,为项目化学习提供时空保障。

长短课时结合满足项目化学习时间。项目化学习需要借助多种资源解决真实的复杂问题,在实施过程中一两个课时不一定能完成,有时候还需要学生在课后继续探究。因此,学校作为管理层,需要统筹规划项目化学习的时间,整合校内项目化学习时间,打通课外学习空间,长短课时结合,满足发展学生个性特长拓展时空需要,满足各学科开展提升学科核心素养的项目化学习的需要,使学校项目化学习的教学能更好地实施。

提倡单元教学提供项目化学习保障。根据《普通高中课程方案(2017年版2020年修订)》和《义务教育化学课程标准(2022年版)》要求,化学单元教学中提供了很多有利于开展项目化学习的素材。结合学校的校本化课程实施方案,应对化学的单元教学进行分解,制订化学学科的教学计划,选择适宜开展化学项目化学习的单元选题,设置含项目化学习的教学计划,将项目化学习贯穿在化学单元教学中,提高教学的系统性、深入度,为项目化学习的单元教学研究保驾护航。

改进项目化学习评价促进学生发展。项目化学习注重对学生过程性学习的评价,因此,在新课程的构建中,要大胆改革对学生学习的评价。围绕新课标,在评价内容、评价指标、评价方式、学分体系、评价功能等方面进行全面整合、优化,注重对学生项目化学习的过程性评价,促动学生全面而有个性的发展。

2. 实施保障:编制学习手册,提供项目指导

基于新课标下学科三年一统的教学计划和课程执行纲要,编制基于核心素养、五育融合、项目化学习设计的新课标下学习手册(4.0版)。建设指向核心素养的化学项目化学习的中长期挑战性课题群,整合形成高中三年适合不同年级不同阶段学生开展项目研究的课题指南,供学生选择研究。

初中阶段以一个个贴近社会生活的微项目为抓手,寻找与初三化学课程内容适切的项目化学习内容,基于真实的学习情境,挖掘核心知识,设置驱动性问题,引导学生进行项目化学习,聚焦教材核心知识,提升能力素养。

3. 师资条件:优化教师队伍,提供师资保障

项目化学习对教师素养提出了新的要求。教师要不断更新教育教学观念,加强对项目化学习理论的学习,并将理论应用于教学实践,设计适合学生年龄特征和认知水平

的项目,并提升实施项目化学习的能力。通过教研组、备课组等团队研修,借助集体力量共同研发项目,通过公开课、展示课研讨,不断提升项目实施能力。学校要加强教师队伍建设,引进高素质教师人才,聘请相关专家进行指导,以专家讲座、教师论坛、分享沙龙等多种形式提升教师项目化教学理念、项目设计和实施指导的能力,在学生做项目过程中提供帮助。高素养的教师研究团队具有较强的教学改革、创新能力,可为项目化学习提供有益的指导和保障。

4. 环境条件:优化校内环境,保障研究空间

学校实验室和学科教室的建设为项目化学习提供了环境保障,先进的教学仪器和设施,如数字化实验仪器、标准化实验室、图书馆资源、知网等,为学生开展项目化学习提供环境支持,为学生进行调查类项目化学习、实验类项目化学习、设计类项目化学习等活动提供有力的环境保障。

在上海市奉贤中学张莉老师的"如何检测纯碱样品中碳酸钠含量"的项目化学习中,为了完成"帮助工厂化验员检测纯碱样品中碳酸钠含量"的驱动性任务,学生自主组成研究小组,并分工查阅资料、设计实验方案、进行实验研究、撰写实验报告、分享研究成果。而在项目研究过程中,学校丰富的图书馆资源及学校订阅的知网资料库等设施为学生查阅资料提供了便利。标准实验室提供了气体体积测定装置、电子天平、容量瓶、滴定管等不同的定量仪器,为学生开展不同定量检测提供了条件支持。化学学科教室提供了交流分享的环境,让每组学生代表分享不同定量实验方法的检测过程和成果,并进行相互评价和反思,不仅达成了开放性、多元化的样品定量检测目标,也在比较研究和思考分析中,提升了学生的科学探究素养。

5. 社会资源:借助社会高校,提升项目深度

项目化学习研究的是现实背景下的问题,因此,利用社会资源走访调查,可以帮助学生走向社会、了解社会、融入社会,提升项目研究的广度和深度。

在上海市奉贤区育秀实验学校陈丹华老师"如何使燃烧发生和停止"项目化学习中,布置了"观察公共场所内的消防设施,查阅资料,了解不同消防设施的作用和使用方法"的任务,学生为解决这一问题,调查学校内食堂、体育馆、图书馆、理化实验室,走访学校周边的超市、酒店、敬老院等公共场所的消防设施,学生学会与消防设施管理人员沟通,上网查找资料,合作完成调查报告。学校食堂、体育馆等模拟了社会的公共场所,校内图书馆为学生查阅资料提供便利,保障了项目化学习的环境空间。

项目化学习研究现实背景下的问题,往往是复杂的,不是单一学科的知识能解决的,有一些知识仅靠初高中知识是无法解决的,因此,利用大学师资和社会资源协助解决高中学生的项目化学习问题,有利于提高项目化学习的研究深度和持续推进。如借助校内博士团队创新研究室资源及农科院、上海交通大学、同济大学等合作高校、科研单位的高端师资,可为不同发展方向的学生的深度项目化学习提供选择研究实践平台。

　　在上海市曙光中学马文斌老师的"如何选择黄桃种植的土壤和肥料"项目化学习中,学生通过资料查阅黄桃所需要的微量元素,通过测定土壤中氮元素的含量来判断该土壤是否适合种植黄桃,但资料查阅得知土壤中的氮元素95%为有机氮,而有机氮元素在高中无法测定,因此学生主动向农科院教授求助。在农科院教授的帮助下,学生知道了多种能够准确方便测定土壤中氮元素的方法,比如测定总氮含量的方法有元素分析仪、紫外分光光度法,硝态氮测定的方法有紫外分光光度法、离子色谱法,铵态氮测定的方法有纳氏比色法、苯酚/水杨酸-次氯酸盐比色法、离子色谱法。同时,在农科院教授的指导下,学生体验了利用紫外分光光度计进行总氮含量测定。借助大学资源环境和师资力量,不仅让学生体验精密仪器直观观察现象,也更好地激发学生开展深度的项目化学习,进行高层次的实验探究,获得高阶知识,培养综合能力。

　　在中学化学教学中开展项目化学习势在必行。随着化学新课标和新教材的实施,项目化学习在中学化学课堂教学中会进一步铺开。学校要创设项目化学习的各种条件和资源,确保项目化学习具有可操作性,积极支持项目化学习变革。

第二节　中学化学适合项目化学习的核心知识的选择分析

国务院 2019 年发布的《关于新时代推进普通高中育人方式改革的指导意见》指出，深化课程改革，积极探索基于情境、问题导向的互动式、启发式、探究式、体验式等课堂教学，注重加强课题研究、项目设计、研究性学习等跨学科综合性教学，认真开展验证性实验和探究性实验教学。项目化学习能够更好地提升学生的协作能力、思辨能力、决策能力、问题解决及评价能力等关键能力，与现在所提出的化学学科核心素养相契合。而教师开展项目化学习活动，选择适切的主题直接决定了学生在此过程中能获得什么样的核心知识与高阶认知，本书对于适合开展化学学科项目化学习的内容特征进行了归纳总结。

通过项目化学习活动来学习核心知识，可以更好地促进学生自主构建学科基本观念，领会核心知识背后隐含的学科思想和方法，加深对学科本质的理解，认识到化学对社会发展进步的价值功能，也为学生的未来发展打下基础。夏雪梅老师在《项目化学习设计：学习素养视角下的国际与本土实践》一书中指出，"概念性知识"更适合开展项目化学习。概念性知识，指在一个更大的体系内共同产生作用的要素之间的关系，包括分类和类别的知识，原理和通则以及理论、模型和结构的知识。项目化学习需要挖掘学科知识点背后的概念性知识，因此中学化学实施项目化教学需要对中学化学的知识点进行梳理，筛选出适合开展项目化学习的概念性核心知识。

一、中学化学核心知识的选取原则和策略

项目化学习的核心知识是从核心概念到关键概念再到知识点的一整套知识体系。这里先要阐述一下两个概念的含义，核心概念指的是对这门学科内容进行归纳和总结，指向学科的本质思想方法和独特性，而关键概念指的是在特定的项目化学习中最适合的概念。核心知识的确定，需要明确学科核心概念有哪些，通过哪些关键概念能反映出来，在这些关键概念下的知识点有哪些。确定核心知识可以从课程标准、教学基本要求入手，通过抽象的学科概念自上而下寻找特定的知识内容。中学化学不同知识点需要掌握的程度不同，在整个中学化学中的学习地位和作用也不相同。因此需要充分挖掘知识本身的内涵，联系学生已有的知识经验以及在后续学习中的作用，进而选取适合中学生开展项目化学习的核心概念下的知识点内容。下面以中学化学中的沪科版高中化

学必修教材知识内容为例,提炼出选择核心知识的策略。

1. 学业要求层次高

知识与技能要求水平是掌握(C)和应用(D)的这类知识点,要求学生能比较灵活的运用、分析、解决一般的实际问题,要求能综合其他内容,解决比较复杂的自然科学问题,从该类知识点向上寻找相关联的关键概念,并寻找这些知识点中共同指向的核心概念。因此这些教学标准中要求学生掌握和应用的学科知识点适合开展项目化学习。

2. 章节间关联性高

在项目化学习中,一个项目化学习问题的解决会涉及很多知识点的综合应用,有时甚至需要一些跨学科知识。因此一个核心概念下的不同章节有联系的知识点,更适合设计成项目化教学,将不同知识点整合在一起有助于学生化学知识体系的建构以及后续知识的学习和应用。

3. 核心素养易落实

学科核心素养是学科育人价值的集中体现,学生通过学科学习掌握核心知识、思想观念、研究方法和学科能力以及化学的社会价值。因此,化学学科核心概念下的知识点选择可以聚焦能更好地承载化学学科核心素养的内容。例如在知识与技能领域的"宏观辨识与微观探析"和"变化观念与平衡思想",在过程与方法领域的"宏观辨识与微观探析""证据推理与模型认知"和"科学探究与创新意识"以及在情感态度与价值观领域的"科学精神与社会责任"。

4. 实验设计要求高

"实验"要求为设计(C)的知识点要求学生能独立根据自己或他人提出的实验目的,设计正确的实验方案,解释实验原理,掌握记录、处理数据的一般方法和表达结果的方法。该类实验知识点既涉及实验原理又涉及实验操作。并且学生实验适合以小组形式进行,有利于提高学生的合作能力、科学探究和创新意识,以及实验技能。

5. 生活情境相联系

项目式学习依托于生活真实情境开展,将真实情境下涉及的知识点,自下而上构建出共同的核心概念,同时通读单元目标、课程标准,确认这个核心概念与课程标准的联系,确定合适的知识点。学生通过项目式学习,解决生活中的真实情境问题,有助于学生将项目式学习中所学的知识、技能和态度再度应用于生活中。

二、中学化学适合项目化学习核心知识的分类——以沪科版高中化学必修教材为例

沪科版高中化学必修教材必修一、必修二教材,共划分为七个章节,分别为化学研究的天地,海洋中的卤素资源,硫、氮及其循环,原子结构与化学键,金属及其化合物,化学反应速率及化学平衡,常见的有机化合物。因此,设计高中化学的项目化学习,需要综合分析这 7 个章节的内容所包含的学科核心素养、课程标准以及教学基本要求,结合前面指出的项目化学习知识点选择的五个策略,总结出适合沪科版高中化学必修教材进行项目化学习的知识点并进行分类,并且每一类知识点都配以具体实施案例加以说明。

1. 实验类

表 2-1 是沪科版高中化学必修教材第一册和第二册中学生一共必做的 15 个实验。这 15 个必做实验适合进行项目化学习的探究。学生可以对实验装置进行创新改进,探究反应条件、温度、压强、pH 等因素对反应的影响。

表 2-1　沪科版高中化学必修教材学生必做实验

学生必做实验	项目化学习活动
配置一定物质的量浓度的溶液	配制医用生理盐水
用化学沉淀法去除粗盐中的杂质离子	粗盐的提纯
不同价态含硫物质的转化	体验漂白纸张的"小魔术"(二氧化硫的漂白性)
	浓硫酸与铜的反应实验中黑色物质是什么
同周期、同主族元素性质的递变	卤素"一家子"
	元素性质的递变
铁及其化合物的性质	如何制得白色氢氧化亚铁
	补铁剂的成分探究
化学能转化为电能	水果电池的制备
化学反应速率的影响因素	一炷香的时间到底是多长
搭建球棍模型认识有机化合物分子结构的特点	甲烷等分子空间结构的分析与模型制作
乙醇、乙酸的主要性质	乙醇、水与钠反应的实验对比
	解析酒驾测试仪
	"醋"意连连

例如,在"碳酸氢钠和氯化钠混合物中碳酸氢钠含量的测定"(刘清华)项目中,设计驱动性问题"如何定量测定香包中碳酸氢钠含量",结合教学基本要求中"定量实验"知识水平要求是 D(应用),能力水平要求是 C(掌握/设计)。实验设计和动手实验的学习活动,对增强学生的探究意识,形成探究能力有重要作用,有利于提高学生的科学素养。结合学情分析,学生已有的知识基础是:高中化学定量实验中常用的滴定法、质量法、气体体积法的实验原理,相关定量分析仪器的使用方法以及如何记录和处理实验数据。但学生自主探究、实验操作、数据处理和分析、展示表达的能力还不足。比较和评价不同实验方案设计的优劣,并进行优化和整合的能力还有所欠缺。因此确定本节课的核心知识如表 2-2 所示。

表2-2 "碳酸氢钠和氯化钠混合物中碳酸氢钠含量的测定"核心知识

学科核心知识	培育关键能力
① 运用勒夏特列原理定性分析弱电解质的电离平衡 ② 运用电离平衡常数 K 和电荷守恒从理论上定量分析醋酸的电离平衡 ③ 运用数字化实验定量研究外因对醋酸电离平衡的影响	① 树立微粒观和化学平衡思想,培养"证据推理与模型认知"的学科核心素养 ② 培养实验设计、观察、证据推理能力,培养科学探究与创新意识的学科核心素养

2. 元素化合物类

钠及其化合物性质与应用,铁及其化合物性质与应用,氯及其化合物性质与应用,氮及其化合物性质与应用,硫及其化合物性质与应用,海水资源的开发,金属资源的开发。

例如,姚雪老师的"常用补铁剂,你补对了吗"项目化学习的核心知识为:①理解+2价铁盐的还原性和+3价铁盐的氧化性;②通过绘制铁及其化合物互相转变的价-类二维图,提高总结归纳能力,掌握学习元素化合物知识的一般方法;③根据铁的性质,设计相关实验探究补铁剂的有效吸收,提高实验设计能力及操作能力。在真实的情境背景下,提出驱动性问题"常用补铁剂,你补对了吗";通过学生调查市售补铁剂的一些注意事项,对其分析原因;再通过构建价-类二维图的方式,提升铁之间相互转化的认知模型;最后通过小组合作实验验证探究得出结论。通过以上的整个学习活动过程将本课的核心知识内嵌到真实的主题情境中,通过学生自主调研的资料和素材中提出问题,引发思考,通过所学的化学知识进行问题解决,最终用实验验证结论的正确与否,得出结论。这样的一整个过程能让学生对核心知识进行充分学习和吸收。

3. 化学原理类

氧化还原反应,原电池构成原理及应用,电解池构成原理及应用,化学反应的速率,影响平衡移动的因素,平衡移动的应用(化学平衡、电离平衡、水解平衡和溶解平衡)。

例如,在刘清华老师的"电解饱和食盐水——铅笔写红字"项目化学习中,基于驱动性问题"如何设计快速、绿色的微型化电解饱和食盐水装置",确定本项目的核心知识。核心知识为:①掌握电解饱和食盐水的原理;②知道阴阳极的电极反应式;③了解阴阳极产物及产物的检验;④通过对微型化电解饱和食盐水的设计,进一步认识电解池电极反应的原理,落实"宏观辨识与微观探析""科学探究与创新意识"的化学学科核心思想。

再比如,在刘清华老师的"电离平衡的理论分析和实验验证——以醋酸为例"项目化学习中,为了解决"如何解释生活中常见的紫甘蓝提取液中,滴加盐酸,溶液变为红色,再往呈红色的溶液中滴加 NaOH 溶液,溶液又呈绿色"的驱动性问题。结合教材分析弱电解质的电离平衡在该单元起着承上启下的作用。"承上"指它对化学平衡理论的延伸和拓展,"启下"指为学生后续学习盐类水解打下基础。学生已经初步建立了化学平衡的观点,并能初步应用平衡移动原理来说明浓度、温度等外界条件对化学平衡移动的影响,但由于弱电解质的电离平衡比较抽象,所涉及的都是学生看不见、摸不到的微观粒子,容易造成学生认识上的障碍。因此本节课的核心知识确定为:①了解弱电解质在水溶液中电离程度的差异;②能描述弱电解质在水溶液中的电离平衡;③能利用平衡移动原理分析外界条件对电离平衡移动的影响;④能利用数字化仪器定量分析外界条件对电离平衡移动的影响;⑤培养科学演绎推理能力,从定量角度建立弱电解质电离平衡及条件改变后平衡的移动,建构"微粒观""定量观""动态观",培养"变化观念与平衡思想"的化学学科核心素养。

4. 有机化合物类

乙烯的结构及其主要性质,乙醇的结构及其主要性质,乙酸的结构及其主要性质,有机材料的制备、性质与应用。

例如,在蒋楠老师的"室内甲醛的检测"项目化学习中,通过"学校某间教室是否存在甲醛超标"这个驱动性问题,引导学生探究甲醛的性质,并尝试进行甲醛定性与定量的检测,感受化学在生活中的用途,培养学生的化学思维方式。在高二对有机物的学习过程中,学生之前已经学习石油化工、烃类化合物的性质以及含氧烃的衍生物乙醇的性质。对于有机物的学习,学生已经知道应该从结构着手,通过探讨有机物中的官能团,并尝试推测该有机物可能具有的性质或从性质出发来推导该有机物可能具有的结构。因此确定核心知识为:①探究醛类的性质;②初步尝试甲醛定性和定量检测的方案设计;③培养资料检索、实验设计、观察、证据推理能力,落实"证据推理与模型认知"化学学科核心素养。

三、中学化学项目化学习核心知识的构建

1. 梳理确定项目学习设计的核心知识

项目化学习设计的第一步就是确定驱动性问题,根据驱动性问题需要确定解决该驱动性问题的核心知识有哪些,需要哪些化学的核心概念和具体知识点。确定核心知识也需要教师从教材、课程标准、教学要求和学情出发,最后确定该节课的核心知识。

例如,在马文斌老师的"如何选择黄桃种植的土壤和肥料"项目化学习中,核心知识如表2-3所示。

表2-3 "如何选择黄桃种植的土壤和肥料"项目核心知识

学科核心知识	培育关键能力
化学:离子的检验与共存 化学肥料	1. 掌握高中化学中常见离子的检验方法 2. 构建高中化学中常见离子检验的认知模型 3. 了解化肥及其使用时的注意事项 4. 理解化肥与土壤的关联性

（续表）

学科核心知识	培育关键能力
历史/人文(农垦文化)	农垦的方法与培育农作物的措施
生物	植物所需要的营养元素
地理	土壤的基本成分与组成

在学生实际的生活体验中,在他们亲自种植的黄桃个头不大而感到疑惑的情境下提出问题,确定了驱动性问题后,根据问题中如何种植出又大又甜的黄桃这一目标出发,涉及的就是土壤和肥料两者对于某品种的黄桃种植的影响,与之相关联的知识点则是对于土壤成分的检验以及化肥混合施用的注意事项,通过这样的梳理和联系,则能够确定该项目化学习的核心知识。

2. 如何构建核心知识网

解决驱动性问题,需要很多杂乱的知识点,因此需要构建核心知识网。一般的方法是从低阶散乱的知识点逐步汇聚,寻找这些知识点共同有关联的点,形成知识网络,并且提炼总结,最后指向高阶思维。核心知识网的构建,还需要结合化学的课程标准要求、学生已有知识和学情分析,最后加深本班学生对核心知识的理解。

以"如何选择黄桃种植的土壤和肥料"为例,学生分组通过对土壤酸碱性的测定、土壤成分的测定、肥料的选择三个知识点汇聚到一起,形成核心知识网,构建出黄桃种植的影响因素的知识体系,让本来散而低阶的知识点形成了高阶概念,由原来的物质检验、混合物质的注意事项转化成种植出好的水果的高阶思想方法。同时也将化学课程标准中对于物质检验的知识概念进行了学习,将原本生硬抽象的概念融入实际操作中,在实践过程中感悟到抽象的概念,将程序性知识[①]转化为概念性知识[②]。

3. 跨学科核心知识网的构建

在项目化学习中,由于设计的问题都是真实情境下实际生活中的问题,所以涉及的问题往往不是单一知识,而是涉及本章节内的多个知识和其他章节的相关知识,甚至有时会涉及多个学科的内容。因此跨学科的核心知识网又该如何进行构建或者设计呢?研究表明,应该加强各学科之间的相互有机融合,也需要各学科反复强化并建立有效的联系。寻找各学科之间共同的相关联的主题情境并不断强化,让学生能够更深刻地去理解核心知识概念,让他们在这些概念中找到更好、更远的视角,启迪心智,激发探索发现的欲望,培养创新思维,让学科核心知识落地生根,深深印在学生的脑海中。

例如,在"如何选择黄桃种植的土壤和肥料"项目中,学生要测定土壤中氮元素的含

---

① 程序性知识指的是做某事的方法、探究的方法,以及使用技能、算法、技术和方法的准测。
② 概念性知识指的是在一个更大的体系内共同产生作用的要素之间的关系,包括分类和类别的知识,原理和通则,以及理论、模型和结构的知识。

量,既涉及农学知识,也涉及化学知识,是一个跨学科的知识内容。虽然农学知识并不是高中生需要掌握的,但是农学中的元素检验与化学中的元素检验是相同的,这就可以建立一个跨学科的核心知识网,找出两个学科中共通的核心知识,建立了两个学科之间的联系。这样不仅不会让学生对一些未接触过的陌生内容产生抵触,反而会更加激发学生去探究实践,找到共性的地方,同时了解土壤的一些元素检验方法,从而开拓视野。

核心知识作为高中项目化学习中的"灵魂"部分,其确定和核心知识网的建构设计直接决定了项目化学习的深度和广度。项目化学习中的核心知识并不是指向零散的知识点,而是指向对概念、原理、性质的深层次理解,让学生能够更深入地掌握相关核心知识。项目化学习也能够帮助教师建立从课程目标到学科核心知识再到高阶的核心知识网,同时也能帮助学生进行深度思考和提升理解能力。不仅如此,核心知识网的构建能帮助教师更好地提高课堂效率,帮助学生启迪心智,融入生活,激发创造思维,更好地落实化学学科核心素养的培养。

第三节　中学化学项目化学习驱动性问题的设计

《普通高中化学课程标准(2017 年版 2020 年修订)》(以下简称"课程标准")特别指明"以发展化学学科核心素养为主旨""重视开展'素养为本'的教学",倡导真实问题情境的创设,激发学生学习化学的兴趣,促进学科核心素养的发展与提升。在项目化学习的过程中,通过解决真实且具有一定复杂程度的问题,可以培养学生对问题的分析、建模、设计、探究、评价等能力,发展学生的学科核心素养,培育学生的高阶思维,帮助学生更有创造性地探索世界,成为一个真正的学习者。

在项目化学习的过程中,驱动性问题的提出是一个项目开展的重要前提与手段。驱动性问题指的是围绕项目主题设计的、契合学科课程标准且具有凝练意义的问题,是能够引发学生自主探究和推动学生问题解决的关键性问题,是一个项目的"心脏"。在整个项目的实施过程中驱动性问题是学生需要始终思考的问题。一个好的驱动性问题能营造一种由求知欲驱动的学习氛围,鼓励学生积极地寻找问题的解决方案、计划和开展探究、记录和理解数据、收集证据和辩论观点、构建和共享学习成果,从而实现深度学习。那么教师如何引导学生主动发现身边的问题,并将这些问题进一步转化为可探究的驱动性问题? 同时,如何判断这些驱动性问题是否能有效驱动学生的思维提升,从而促进学生学科核心素养的养成呢?

一、中学化学项目化学习驱动性问题的分类

德国哲学家威廉·文德尔班(Wihelm Windelband)曾说过,问题到处存在,它决定着发展的可能性和方向。不同的问题指向不同的发展结果和方向,不同的驱动性问题也直接影响项目化学习的过程和结果。那么驱动性问题有哪些分类呢? 本书根据问题的提出情境和目的指向将驱动性问题分为三类。

1. 生活类驱动性问题

与生活紧密相关是化学学科的特点。在"从生活走向化学,从化学走向社会"的背景下,灵活应用生活中的物品、生活中的现象,让学生结合化学知识进行深度思考,形成化学思维,培养化学核心素养。因此可将项目化活动的空间范围拓展到学生的生活环境,广泛联系学生熟悉的事物,拉近学生与化学学科的距离,提高学生的化学知识应用能力,激活学生的探究动力,并鼓励学生积极参与生活实践,领会化学课程的应用价值,

增强化学应用意识,实现用知识服务生活。

2. 概念类驱动性问题

化学概念是学生学好化学学科的基础,也是课堂教学的重点。在项目化学习中,教师设计有关概念类驱动性问题,将抽象的问题进行具象化,可以有效调动学生学习的主动性,为学生探究和理解概念提供指导,帮助学生突破思维障碍,促进学生主动建构化学概念,最终实现理论与实践相结合。教师通过将驱动性问题贯穿于项目化学习,能够有效引导学生在更广阔的空间和时间上进行概念知识的学习,拓宽学生的化学视角和知识面,改变传统概念教学中问题形式死板、问题方向单一的弊端,让学生切身感受化学概念在生活中的多元运用。

3. 跨学科类驱动性问题

跨学科项目化学习是基于两种或两种以上学科的核心概念和能力,以整合的方式在各科之间建立联系,学生通过将不同学科中学到的知识、技能和态度自主整合到一起,并在解决问题的过程中加深对项目主题的理解,最终实现心智转换,创造出新成果。

二、中学化学项目化学习驱动性问题的设计原则

在项目化学习中,教师应该如何引导学生进行发现问题,并最终转化为驱动性问题供学生去探究呢? 建议驱动性问题的设计应围绕着以下三项原则:

1. 真实的情境设计

"课程标准"中指出:"真实、具体的问题情境是学生化学学科核心素养形成和发展的重要平台,为学生化学学科核心素养提供了真实的表现机会。"在具体的教学过程中,教师通过生活、生产或研究过程中发生的真实情境,依据客观事实,提出真实的驱动性问题。可以就一件新闻谈起,也可以从学生周边的生活出发,还可以由真实的问题浓缩为一个情境问题⋯⋯由于驱动性问题来源于真实的情境,学生有切身的感受、真实的体验,学生参与讨论研究的热烈度相对来说也就更高,能够产生解决此类问题的更强烈的欲望。

2. 开放式的探究

开放式的探究是指结论不唯一的、可以有多种结论或者有多种解决方法的探究式学习过程。在探究过程中允许学生发表不同的看法,鼓励创造性与思辨性问题的提出,促进学生高阶思维的发展。在设计驱动性问题的过程中,教师应引导学生充分思考,不要求一个封闭式的答案,切忌对知识点的死记硬背。在项目化学习的实施过程中,给学生创造一个能够灵活应用知识点和自身素养去解决问题的平台,使学生能够为了实现解决问题而进行"天马行空"的思考,培养学生的探究精神和解决问题的综合能力,帮助学生创造自身的"最近发展区"。

3. 学科间的融合

项目化学习在设立初始是作为解决一项工程问题而开展的一系列活动,强调学生的实践活动,在实践过程中通过构建知识体系,感受各学科之间融合的思想,切实地解决实际生活中的问题。我们生活中的很多问题往往不是某一学科单一的知识,而是多种学科知识融合在一起。在提出驱动性问题的过程中,教师和学生可以有意识地将相关学科融合在一起,既贴合学生的实际生活,又大大提升了问题本身的趣味性和可操作性,可以充分调动学生的探究行为;解决一个较为复杂的问题,学生会获得相当的满足感,同时也培养了他们的迁移应用能力与创新精神。

三、中学化学项目化学习驱动性问题的设计策略

基于学生个体发展的差异性和阶段性,教师应如何来设计驱动性问题呢? 结合日常项目化学习的开展与驱动性问题的设计原则及分类,应围绕以下三个要素展开。

1. 关注实际生活中的化学问题,引导学生认识化学科学的价值

驱动性问题的提出应建立在积极引导学生关注生活、紧跟时代脉搏的基础上,教师应引导学生发现生活中的问题,通过项目化学习的展开,指导学生在课内外进行问题的研究与探讨。

1) 源于真实的生活,培养学生的科学精神

马克思主义强调从客观事实出发,这个事实不是零星片面的事实,也不是披着"事实外衣"而脱离实际的假设,而是反映事物本质和发展趋势的"事实的总和"。在驱动性问题提出的过程中,教师应该引导学生扎根于客观事实,或在客观世界中寻找问题,或从真实的情境中衍生出真实的问题。在学生解决真实问题的过程中,学生往往表现得更加有兴趣,更加愿意去钻研,"学以致用"不再是一句口号,从客观世界延伸到学科知识,再将学科知识应用到客观世界,将学习的时间和空间进行进一步的延续。如果仅仅是基于理论知识而将驱动性问题生搬硬套,那不仅知识是脱离于实际生活的,同时也存有科学性的问题,不利于学生核心素养的培养。

如在讲授"原电池"这节内容的时候,很多老师都把"格林太太的假牙"作为引题引入教学内容,甚至还有一道关于"格林太太假牙"的题目。

格林太太镶有两颗假牙:第一颗是黄金的,第二颗是不锈钢的。令人百思不解的是,自从镶上假牙后,格林太太经常头疼、夜间失眠、心情烦躁。某同学提出以下几种方案来治疗格林太太的"疾病",理论上可行的是(　　　)。

A. 把不锈钢假牙都换成铝质假牙　　　　B. 把金质假牙换成铝质假牙

C. 把不锈钢假牙换成金质假牙　　　　　D. 在不锈钢假牙表面镀上一层金

学生虽然对该情境印象深刻,但一方面学生与"假牙"存有距离感,同时导致"头疼、夜间失眠、心情烦躁"的变量较多,仅从化学角度来分析问题未免有失偏颇,其科学性存在质疑。而原电池的应用与我们的生活息息相关,可以从"探究家中干电池的工作原理"出发,或从氢能源汽车着手,感悟化学对生产生活的重要影响。同时本节内容授课的季节也正好是冬季,学生对暖宝宝也是非常熟悉的,对其快速升温印象深刻,可从"如何自制暖宝宝"着手,从原理到实际操作,让学生兴趣顿生,探究兴味浓厚,达到良好的学习效果。

又如在高平老师的"如何利用植物自制酸碱指示剂"项目化学习中,利用身边的蔬菜水果自制酸碱指示剂,再利用自制的酸碱指示剂检测生活中物质的酸碱性,并引导学生评价该指示剂的效果。这样的项目化设计是学生创造性地应用所学知识,形成科学从生活中来,最终由要回归生活、服务生活的意识,激发兴趣,拓宽视野,培养创新意识和实践能力,实现"学有所用,学有所乐"。

2) 紧跟时代,培养学生的责任担当意识

教育部提出要求,在全面深化课程改革的过程中,要落实立德树人的根本任务。作为社会的一份子,学生应当具有社会责任意识与担当意识,培养自身的历史使命感,为后续服务社会做好准备。在日常教学过程中,教师要紧跟时代,贴合时事,引导学生关注社会问题,为培养学生适应社会发展需要提供正确的价值观和专业能力。

2020 年初新冠疫情暴发,中国速度举世共睹,为了遏制病毒的扩散,中国政府在武汉火神山和雷神山建造医院对病人进行集中医治,取得了良好的治疗效果。在春节期间资源较少的情况下,火神山与雷神山的医疗废弃物处理引起社会重视,尤其是其污水处理工艺流程值得关注。在进行"次氯酸与次氯酸盐"的教学过程中,教师引导学生分析思考"火神山应急污水处理方案中的化学原理",思考"如何自制家用消毒剂",帮助学生从化学角度来思考问题,体会化学在生活中的应用,培养社会责任意识,提升民族自豪感。

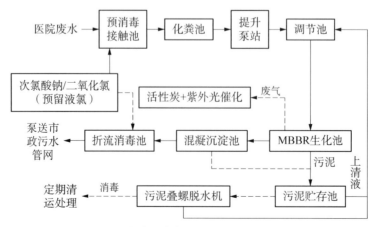

图 2‑1　火神山应急医院污水处理工艺流程

又如在"物质的结构"教学中,教师可以引导学生进行关于"对嫦娥五号返回器外壳材料与性质的分析"的项目化学习,引导学生通过查询资料了解中国科学家在航空航天特种材料研究过程中的探索与发现,这些成果使嫦娥五号在返遣的过程中可以无惧"冰火交替"。嫦娥五号的防热材料拥有完全自主的知识产权,这既能培养学生的民族自豪感,又能让学生在查询资料的过程中感受科学家的科学精神,进一步触发学生对于物质结构的学习兴趣,为成为"未来的科学家"埋下了信念的种子。

2. 从学科角度出发设计问题,促进学生对化学核心知识的构建

日常问题的提出可以是天马行空的,但基于化学学科的特色以及学生化学核心素养的培养,教师围绕化学学科的核心知识引导学生从化学角度提出驱动性问题,并将问题进一步提炼。在驱动性问题的提出过程中,应当从本学科的教学目标出发,挖掘学科核心知识,使学生的学习过程与教学核心知识相匹配,引导学生在解决问题的过程中形成化学学科学习的思想方法。

1) 与教学的核心知识相匹配,培养学生的化学思维

每一门学科都有其自身的特点,掌握该学科的知识特点与思维方法,在学习的过程中就能起到举一反三、触类旁通的效果。化学名师曾辉提出,化学学科思维是以化学知识为基础,从化学学科的角度观察、理解事物,具体体现在对实验现象与本质、宏观与微观、结构与性质、变化与条件、共性与个性等方面的思考与认识上。教师应要注重驱动性问题与核心知识的匹配,充分构建物质结构、性质、用途等事实性知识之间的联系,关注能力的培养,重视实验探究,帮助学生奠定化学思维的基石,培养学生的核心素养。

例如,在高二化学教材第 12 章第 2 节"家庭装潢话甲醛"中,《上海市高中化学学科教学基本要求》要求达到的学习水平如表 2-4 所示。

表 2-4　《上海市高中化学学科教学基本要求》中关于乙醛的学习水平要求

学 习 内 容		学习水平
乙醛	15.2.1　乙醛的分子结构	B
	15.2.2　乙醛的物理性质	A
	15.2.3　乙醛的化学性质	B

由此可以看出,虽然该章节内容以甲醛为引题,但实际教材目标是围绕乙醛结构与性质的掌握。两种物质的共通点在于同属于醛类物质,对于学生的学习要求主要在于醛基性质的掌握。因此在实施项目化学习的过程中,教师需要引导学生挖掘身边醛类物质的素材,谈谈"如何检测室内的甲醛"。学生查询资料,寻找甲醛分子的结构,再到探索甲醛的性质,从定性到定量,再到市场上的甲醛检测方案的评价,在该项目化学习的过程中,学生始终围绕"结构→性质→应用"的化学物质性质研究的一般方法开展,基于教学目标开展教学任务,又不局限于教学要求,借助项目化学习的开展,学生通过查

询资料、设计实验方案、操作实验并评价,从而达到良好的学习效果,更全面地认识醛类物质,同时也提升了综合实践能力。

2)关注问题的持续演变,聚焦学生过程性的发展

学生基于平时对生活的悉心观察和前置思考,对日常情境中产生的疑惑,往往是一个拥有诸多变量的大问题。学生在处理这些问题的过程中可能会无从下手。而一个问题往往是几个子问题穿插在一起而形成,这就需要教师引导学生从某一个角度对问题进行切入和剖析,将其划分为几个小的子问题,在研究过程中,引导学生在一个时间段中持续地观察现象的变化,持续地解决问题。教师应关注学生在解决此类驱动性问题中的变化与成长,并适时地提出新的问题,帮助学生以发展和变化的角度来看待问题。

例如,在马文斌老师的"如何选择黄桃种植的土壤和肥料"项目化学习中,学生在农垦基地社会实践中提出"如何使黄桃树结出又大又好吃的黄桃"这一问题。教师引导学生将该驱动性问题切割为"种植土壤成分的研究"和"肥料的选择"两个子问题,既契合了教学的核心知识,引发学生关于土壤中离子检验的思考,进一步迁移到"混合离子的检验"这一学习任务,又引导学生持续地观察黄桃生长的走向,引发对新的实际问题的不断思考研究,通过合作互助、资料调查、实验探究,持续地解决问题,学生的综合素养也有了很大的提高。在项目化学习的开展中,马文斌老师还提出,等到黄桃结出果实,要和学生一起品尝他们培育的黄桃。学生在此过程中,既品尝到了自己培育的美味水果,又在探究过程中得到了精神收获。

3. 设计跨学科驱动问题,培养高阶思维

跨学科是指从其他学科的视角看待该学科。情境认知理论认为,学习是个体在与情境的互动中创生意义的过程,会受到具体任务与问题情境的深刻影响。问题情境教学是新课程改革过程中提出的一种新型的教学模式,主要是以问题情境为载体,进行教学内容的结合,学生在对问题进行分析、解决的过程中,思维能力、探究能力等综合素质能力得到培养,从而实现课堂教学效率的提升。学生关于问题情境的认识是提炼情境关联要素的过程,情境越复杂,越需要学生展开深度的分析和判断,才能让学生抓住其中的高阶思维能力,包括批判、辩证及分析创造等。

高阶思维是指在较高认知水平层次上的心智活动或认知能力,是高阶能力的核心,主要指创新能力、问题求解能力、决策能力和批判性思维能力。学生发展高阶思维的过程实际上就是对信息的提取、加工、运用的过程,并最终形成解决问题的思维和创新、创造的能力。以锻炼学生的高阶思维能力为目标,跨学科问题情境需要学生综合多学科知识来理解,也需要学生深入分析把握情境要素,还需要学生能够对情境信息判断真伪,所以跨学科问题情境的设计不仅能够使学生在不同学科领域之间建立起更完善的知识体系并开展更有意义的研究,还对学生的高阶思维能力培养有一定的优势。因此在项目化学习过程中,教师可以设计有效的跨学科驱动性问题情境,从而培养学生高阶思维能力。

1）按照逻辑关系设计问题链，培养学生逻辑思维能力

跨学科的驱动性问题需要学生把多学科知识点按照一定逻辑关系整合在一起，各种内容之间有着一定的逻辑关系。教师可以设计问题链并按照一定逻辑关系渐次推出各种知识内容。通过深层追问，培养学生的逻辑思维能力。逻辑思维能力是高阶思维能力的重要内涵，学生分析、批判及创造问题的能力建立在一定的逻辑基础上，需要进行严密的逻辑推理，才能得出正确的结论。逻辑关系是由浅入深的过程，所以教师需要基于一定的知识逻辑提出系统化问题，形成对学生的持续追问，学生在逐步解决各个问题时，其思维活动会逐渐深化。

以初中化学"水的净化"的项目化教学——以"设计净水系统"为例，可以这样设计：

【驱动性问题1】我们要除去生活污水中的哪些杂质？利用什么净水方法？你将选择哪些净水材料？

【驱动性问题2】你将使用几种材料对生活污水进行净化？用量是多少？如何填充？

在项目推进过程中，充分发挥学生的自主性，学生通过查阅资料、小组交流、实验和探究，自主学习学科核心知识，完成项目任务。但学生在材料选择，尤其是材料用量、填充顺序以及效果测试任务解决时，缺乏整体设计和具体思路方法，这时教师抛出类似"你将使用几种材料对生活污水进行净化？用量是多少？如何填充？"这样的问题，引导学生思考，帮助学生逐步建立从物质及其性质、定性与定量结合的视角分析问题，通过交流使学生外显思路，促进学生"物质分离与提纯"思路的形成和发展。

2）多维度提出问题，培养学生迁移创新能力

个人思维在长时间内按照一定模式运作时就会形成思维惯性，而要进行比较和创新，就必须要突破原有的问题视角。跨学科项目化是将多学科内容整合在一起进行研究，相对单一的学科教学，提供了更多的问题视角。因此教师要拓展问题视角，从多维度提出问题。学生要解答各方面的问题，并使自身的解答符合逻辑、保持一致性，就必然要深度思考问题，抓住问题的本质。

项目教学能够充分发挥学生的自主性，使学生经历成果导向下的综合任务完成过程，形成真实情境下的复杂问题解决思路，对培养学生的实践应用及迁移创新能力有着独特的功能和价值。以此为指导，同时为提高任务解决效率，减少教学耗时，项目开始前，师生应共同确定项目主题、成果，规划课上、课后项目任务。

如郭军老师的"粗盐提纯"项目化学习中的设计：

【驱动性问题1】奉贤有着悠久的盐文化，请查阅相关资料了解奉贤制盐的历史及

方法,从中获得海水制盐的一般方法,并且模拟古人制盐的方法,设计简单实验,尝试制得食盐。

【驱动性问题2】经查资料,上述我们得到的盐其实为粗盐,宋代时有了简单的粗盐提纯的方法,即重新溶解、过滤、结晶。19世纪工业革命后,人们发现提纯后的盐中还含有可溶性的 Ca^{2+}、SO_4^{2-}、Mg^{2+} 等杂质离子,请设计实验方案,绘制简单的流程图,并对方案进行解读说明和实验验证。

【驱动性问题3】经查资料,问题2中过滤除去 Ca^{2+}、SO_4^{2-}、Mg^{2+} 等杂质离子后,所得的氯化钠溶液中还有少量的氯化钾,怎么进一步除去氯化钾呢？反之,如果氯化钾中混有少量的氯化钠,怎么得到较纯的氯化钾呢？

郭军老师对于三个问题的设计,结合奉贤的历史文化及宋代制盐的方法,多维度提问,让学生从化学迁移到历史,并结合现代制盐方法与古代制盐方法对比,最后让学生尝试除去氯化钾,灵活地将化学知识迁移,充分发挥学生的自主性,激发学生的学习兴趣,有效培养学生的迁移创新能力。

3）基于知识应用设问,培养学生复杂思维能力

跨学科项目化学习的目的是锻炼学生综合多学科知识,也是学生认识问题、分析问题和解决问题的过程,培养学生的问题解决能力是其重要目的。学生分析和解决特定问题的过程,也是其深度思考的过程。因此,教师可以提出考察学生知识应用方面的问题,促使学生从简单的知识学习进入应用知识的高阶思维层面。总体而言,高阶思维能力的培养需要学生进行复杂思维活动的提问,其实质上就是从具体到一般、从现象到本质和从概念到应用的内容,教师按照以上思路来设计提问,会促进学生的复杂思维能力的培养。

学生自主探究的过程,是把已经掌握的知识迁移到新的情境中,获得新的知识意义的过程。在这个过程中,学生需要综合各种信息来思考,发掘其中的知识关系,建立新的知识关联,整个过程就是分析、运用、创造、质疑、思辨的过程。教师需要为学生创建合适的自主探究情境,或是让学生自行推理概念,或是让学生从一般原理步入具体问题,使其在探究概念或解决问题的过程中,开展复杂思维活动。

如侯素英老师的"从制作皮蛋说开去……"项目化学习中的设计：

【驱动性问题1】美国有线电视新闻网(CNN)把中国人餐桌上非常常见的皮蛋称之为"魔鬼生的蛋"。那么是什么使普通的蛋变成了晶莹剔透的皮蛋呢？你能亲手做一枚皮蛋吗？

【驱动性问题2】腌制皮蛋后的废液能否直接倒入下水管道？倾倒前是否需要处理？如何处理？

　　这样的问题设计融合了生物、食品、化学三门学科的知识,而且设计的问题由易到难,需要结合三门学科的知识去解决实际问题,能有效培养学生复杂思维能力。

　　总之,在项目化学习的开展中,好的驱动性问题的提出可以有效引导学生对生活中的一些现实问题进行深度思考,为学生营造一种体验的学习氛围,帮助学生更敏锐、更主动地发现问题、思考问题和解决问题,使学生得到更充分长远的发展,最终由学习者转化为研究者。

第四节　中学化学项目化学习的认知策略

认知策略是指运用人们如何学习、记忆、思维的有关规则支配人的学习、记忆或认知行为,并提高其学习、记忆或认知效率的能力。认知策略是学习者加工信息的一些方法和技术,有助于有效地从记忆中提取信息。其基本功能有两个方面:一是对信息进行有效的加工与整理,二是对信息进行分门别类的系统储存。在项目化学习中,通过有效运用认知策略,让学生在学习过程中持续探索驱动性问题,实现概念知识的项目化学习历程。

一、中学化学项目化学习认知策略的类型

在化学学习中,学生习得和学会应用认知策略,可帮助其进一步学会学习。认知学习理论重视人在学习或记忆新信息、新技能时的内部心理过程,注重学习理论在教学过程和教学策略方面的实际应用。夏雪梅博士及其团队在比较了众多框架之后,最终选择了马扎诺的学习维度框架。该框架体现了对不同维度和层次学习的整合理解,指向中小学教师的智慧实践,有较强的科学性和应用性。项目化学习指向概念性知识的高阶认知策略,同时也包含与之相关的系列基础知识的认知加工。高阶认知策略包括六个方面,分别为问题解决、创见、决策、实验、调研和系统分析。高阶学习是基于低阶学习进行的,低阶学习有两个:获取和整合知识(最基础的学习,包括信息收集、组织、存储、巩固等),扩展和精炼知识(更深一层的认知加工,包括比较、分类、抽象、推理、提供支持、分析等)。

我们团队基于中学化学的学科特点,进行了大量教学实践研究,体验到了在项目化学习实施过程中,一般会涉及大量的低阶认知策略,即对大量背景知识、基本概念、已具备的经验进行搜寻、组织、比较、分类等,也一定会涉及较多的(诸如问题解决、实验、系统分析等)高阶认知策略。因此,在项目化学习的实施过程中,需重视高阶认知策略和低阶认知策略的整合和搭配。以低阶认知策略作为基础支撑深入项目化学习,以高阶认知策略引导学生思维碰撞和高层次思考,从而进行高质量的项目化学习。我们结合教学实践,介绍适用于中学化学项目化学习的部分认知策略。

1. 项目化学习中的问题解决

核心素养导向下的新时代育人方式凸显以学生为本,培养学生在真实情境中运用

知识创造性地解决问题的能力。因此,项目化学习中会大量地运用问题解决策略。例如,上海市奉贤区致远高级中学蒋楠老师"借酒说硫"的项目化学习案例,发现红酒的配料表中除了葡萄汁,还有二氧化硫。由此产生了一系列疑问并调动了学生急于问题解决的内驱力。首先,学生要进行大量的背景分析:为什么要把二氧化硫添加到葡萄汁里去? 我们国家食品标准里关于二氧化硫的添加是否有标准? 其次,要明确项目解决的真问题:如何检测一瓶红酒中的二氧化硫含量? 接着,学生小组合作进行头脑风暴,从定性分析到定量分析,碰撞出解决方案并进行实验等。

在真实的生活情境中,学生遇到的问题,其给定的条件和目标都不明确,解决的途径也不清晰,所以问题解决是一个明确问题的目标与克服障碍的过程。真实情境中的问题,是吸引学生融入项目化学习的第一步。要想解决问题,学生需要明确目标,分析障碍和可用资源,尝试寻找最优的问题解决路径。在解决真实问题的过程中,不断习得、掌握、运用理论知识,提高分析问题、设计方案、实验操作、解决问题等实践能力。

2. 项目化学习中的调研

调研要明确并解决那些有争议或矛盾的问题,清除模糊的观点和提炼有用的信息,并将信息组织起来,以有利于他人理解的方式进行呈现。调研中,学生需要知道收集哪些方面的信息,如何甄别不同信息的价值,到哪里去收集信息并在何时何地利用他们等等。

例如,在上海市奉贤区新寺学校侯素英老师的"皮蛋加工原料浸出液中的成份检验"项目化学习中,教师借餐桌上常见的"皮蛋",先以工作单的形式引导学生课前通过查阅资料、走访市场、咨询长辈等方式了解并制作一枚皮蛋。在充分调动起学生的积极性后,再以驱动性问题引导学生团队协作设计实验方案并进行实验验证。

每个小组获取制作皮蛋的方法途径各不相同,所得浸出液也可能存在异同。探究活动的过程中又会面临很多不确定因素,随时要根据实践情况调整实施步骤。由于创设了一个真实的情境,给学生提供多向度的探索空间,更能激起学生的好奇心,促使学生在提出、分析和解决问题的过程中,主动探究相关的化学知识。

3. 项目化学习中的实验

实验是化学研究的主要手段,在化学的项目化学习过程中,大部分都会使用实验。在实验的过程中,学生应该善于观察、敏于思考,运用所学的知识对这些现象做出解释。

例如,在上海市奉贤中学刘清华老师的"醋酸电离平衡的理论分析和实验验证"项目化学习中,学生小组分工,动手实验,利用数字化传感器电导率仪和 pH 传感器进行弱电解质溶液改变外因前后的 pH 值和电导率的测定。

由于项目化学习中的实验一般指向开放性的问题,因此实验设计往往比一般的科学实验设计更具想象力。实验往往是为了检验某个决策或猜想,从实验方案的设计、优化到落实,在整个实验过程中,学生主动参与,积极探究,相较于常规教学,学生的主体地位更加凸显,提高了应用迁移、实验验证、总结反思等综合能力,逐步形成化学的思维模式,激发学生的探究意识。实验报告也可以作为项目化学习的辅助性结果呈现。

4. 项目化学习中的创见

创见是通过形成原创性的产品或过程以满足具体需要,创见类的项目化学习要求学生创造出指向概念理解和有独特价值的作品。创见同样需要明确为什么要创造这个产品,要解决什么问题,同样要清楚解决问题的标准。"新且适用"是衡量创见水平的标准。

例如,在上海市奉贤区古华中学高平老师的"如何利用植物自制酸碱指示剂"项目化学习中,学生选择不同的植物部位提取色素汁,再利用家中的食盐水、白醋、苏打水等一一检测提取的色素汁能否作酸碱指示剂。

再如,在上海市奉贤区育秀学校陈丹华老师的"如何使燃烧发生和停止"项目化学习中,学生了解了燃烧的发生和停止的原理,并在此基础上形成了个人成果和小组成果。个人成果是完成一张关于本项目的小报,小组成果是合作制作灭火器并进行灭火小视频的拍摄剪辑。考查了团队在项目学习中的成果,团队成员对学习的知识再组织、加工和再创造的过程中,学生获得的不仅仅是化学核心知识,还有同学间团队合作的能力和个人综合能力的提升。

上述认知策略是化学学科项目化学习中较常运用的高阶认知策略。当然也不局限于上述这些。通过认知策略可以帮助判断项目化学习的质量。虽然每一个认知策略各有侧重点,但这些策略往往不是单独出现在项目化学习活动中,通常需要多个认知策略互相组合、综合运用。

二、中学化学项目化学习认知策略的优化方法

优化学生在项目化学习中的认知策略是指教师在教学过程中,通过合理的教学设计,运用一定的方法,对学生进行认知策略的应用指导,使学生充分认识认知策略的有效性并在学习过程中主动运用认知策略,提高自己的学习效率。一方面要求教师对学生认知策略的学习进行有效的指导,另一方面要求学生对各种认知策略能积极主动的应用。

1. 坚持项目问题的高阶设计

本质问题和驱动性问题蕴含着高阶认知策略。一个项目化学习的质量高低,可以通过分析驱动性问题背后影藏的认知策略,以及项目化学习整个流程中的认知策略是否为高阶认知策略来判断。因此,在设计项目化学习时,要注意设计高阶认知策略。如果整个项目化学习运用的都是低阶认知策略,则需要进行转化设计。

例如,在上海市奉贤区致远高级中学蒋楠老师的"学校电脑房甲醛超标了吗?"项目化学习中,教师借助学校录播室的电脑房散发刺激性气味,请同学们帮忙检测该教室内

甲醛含量是否超标。在该问题提出后,有的学生提出要查询文献,了解甲醛超标的标准是什么,有的同学提出如何测量室内甲醛的含量,有的同学提出甲醛检测的原理是什么,还有的学生提出假设甲醛超标,应该如何减少室内甲醛……在身边的真实问题的驱动下,更容易引发学生的一连串思考,由此形成子驱动问题,给学生提供多角度的探索空间,提升学生的探究兴趣。

在室内甲醛的定性与定量检测中,学生先采取甲醛溶液上方的气体,将其注入酸性高锰酸钾溶液中,溶液变色,由紫色变为粉红色。但当用针筒取用待测教室内的空气样品时,高锰酸钾溶液颜色没有变化。原理可以实现,但是现实无法实现。同样的在定量实验中,因久置的高锰酸钾变质而采用标准草酸钠溶液进行标定其浓度,实验又一次失败了。归结原因,学生总结道:"待测教室中的空气样品甲醛浓度太小,以至于现象不可见,我们需要更加精密的仪器才可以实现。"

于是一组学生通过查询文献,了解当下测空气内甲醛的分析手段。另一组同学在淘宝上购买常见的甲醛试纸和测甲醛的盒子,将房间密闭 9 小时后采样,采样时间 6 个小时,送检到第三方检测机构。最终测试结果为该房间甲醛浓度为 $0.091\,\mathrm{mg/m^3}$,符合国家标准。

如果整个项目化学习都是指向低阶认知策略,那么这样的项目化学习深度就很浅,思维的质量就比较低,而在这个案例中,在学生身边的真实问题的驱动下,引发了一连串的思考,形成了一系列子驱动问题,给学生提供了多角度的探索空间。从理论转到现实,从定性转到定量,问题看似在复杂化,但是学生在解决问题的过程中,不断在思考为什么、怎么做,不断思考测得的数据是否精确符合事实,培养了学生的科学精神和探究意识。整个探究过程中,学生运用了大量的诸如预测调研、实验等高阶认知策略。

因此,教师要不断思考与实践,在设计项目化学习时要突出问题性和探究性。以项目为载体,构建基于学生实际的问题体系,引领学生不断解决问题,激发学生的思维碰撞和深层思考,提升学生的综合素养。

2. 坚持学生学习的主体性地位

认知策略的有效运用依靠的是学生主观能动性的发挥,学生只有处在积极主动的学习状态中才能更好地学习并运用不同的认知策略。如果将学生置于被动接受的学习环境下,学生的主体性得不到充分发挥,学会学习这一教育目标就无从谈起。

例如,在金丽霞老师的"海水中提取食盐"案例中,学生了解粗盐提纯也初步了解海水制盐的历史,但是没有亲自从海水中提取过粗盐。所以创设真实环境驱动性问题"从海水中提取食盐",抓住了学生的兴趣点,让学生主动投入项目化学习。学生通过过滤、蒸发,将教师从上海某海边取来的天然海水进行提纯,发现得到的晶体偏黄。这驱动着学生继续深入探究:增加除杂的步骤、对比研究改变试剂滴加的顺序和滴加试剂的用量对氯化钠产量的影响等。在此过程中,学生一直处于主动思考、乐于探究的学习中。

因此,在对学生认知策略的培养过程中,教师应充当引导者,以尊重学生的主体地位为原则,根据学生的需要选择合适的认知策略进行训练,并留给学生充分发挥的空间和时间。在学习过程中,学生的元认知能够有效地帮助学生对自身的各种认知活动进行计划、监控和调节,使学生了解到不同的学习材料和学习情境对认知策略的选择也是不同的,帮助学生减少选择认知策略时的盲目性。特别是对高中生而言,认知策略的培养更是以元认知为依托,通过元认知对认知策略及时修正和调整,增强自主学习能力,从根本上改善学习效果。

第五节　中学化学项目化学习学生活动的设计

项目化学习要锻炼和培育的是学生在复杂情境中灵活的心智转换,是一种包含知识、行动和态度的"学习实践",而不是循规蹈矩、按部就班地完成预先设定好的探究活动。因此,项目化学习中的学生活动设计更要符合学生的"最近发展区",从而保证学生的学习积极性和能动性。

一、中学化学项目化学习学生活动的类型

在设计项目化学习学生活动时需要考虑课程知识、社会贡献、完成难度、思维进阶等因素。不同类型的活动设计将适合不同情况的项目化学习,结合化学学科项目化学习的经验,我们提出四种项目化学习的类型:难点突破型学生实验活动设计、生活研究型调查类学生活动设计、学生微项目活动设计、工业流程类学生活动设计。它们需要在一定的背景条件下选择采用,使用时也有细节注意点。

1. 难点突破型学生实验活动设计

学生的学习是循序渐进的过程,在对知识点的理解、学习方法的习得上总会遇到困难。因此可以针对难点,设计突破型的实验项目化学习学生活动。首先列出核心知识,包括主要知识与技能、关键概念或能力、学科素养等,再确认所需要的高阶认知,包括问题解决、决策、创见、系统分析、实验、调研等,最后根据各项交点设计学生活动。

以"氢氧化钠与盐酸反应'现形'记"为例,列出的核心知识与技能是中和反应的定义,酸、碱、盐的性质,以及物质的检验和除杂方法。关键概念或能力是能根据中和反应的定义判断氢氧化钠与盐酸反应的产物及现象,根据酸、碱、盐的性质,选择合适的物质检验的方法。学科素养是证据推理与模型认知、实验探究和创新意识。根据高阶认知,确定了问题解决、决策、系统分析、实验等四个方面。最后确定学生最难突破的地方是物质的检验和除杂范畴的使"物质现形",学生不理解为什么要现形,如何让物质现形,可以从哪些方面考虑物质的现形方式。以小的典型实验对象氢氧化钠溶液与盐酸的反应作为研究的对象,让学生思考、研究、设计化学实验来验证氢氧化钠溶液和盐酸已经发生反应。学生有的用指示剂,有的用 pH 计,有的用温度计来确定反应是否发生。最后由典型小实验,深化对酸碱反应的理解。

2. 生活研究型调查类学生活动设计

项目化学习的驱动性问题可以从多个角度进行选取,其中最吸引学生的还是从生活中选取的主题,所以指向生活研究型的学生调查类活动设计也是我们研究和探索的方向。首先根据课程进度和与生活相关的程度选取研究的知识范畴。接着,在此知识范畴内联系生活实际,选取学生感兴趣的点,或者选择会引起认知冲突、认知迷惑的现象,让学生开展调查,对比调查所得的数据,追溯根源,从学科的角度深度挖掘和剖析生活实际,最终提出自己的观点。在研究中,学生的自主探究、观察评价、分享展示的能力都会得到很大的提升。

以"家用消毒剂的制备研究"为例,小明家的 5 位家庭成员有不同的生活要求,爷爷要对马桶进行消毒,爸爸要对油烟机除污垢,妈妈要洗蔬菜,小明要去除白衬衫上的汗渍、妹妹要擦除作业本上的笔迹。教师通过真实的生活现象,设计学生活动,让学生去周边多个超级市场调查有哪些产品可以解决这些问题,它们的成分分别是什么,作用原理分别是什么。然后设计家用消毒剂调查表来记录所有的过程性材料,最终学生得出结论,购买 84 消毒液,因为价格便宜、效用多,既能消毒又能漂白。研究结果激发了学生的创新欲望,他们希望通过自己的双手制备一款消毒剂,于是教师设计学生活动,让学生根据查找到的制备原理,设计常规的实验,再改进成生活化的实验,最后探究微型的实验。在教师一步步对学生活动的设计中,学生理解了家庭消毒剂的原理,也能准确选择和应用这些市场上的消毒剂,更在最后自制消毒剂,使得学生的高阶思维、合作能力、分享展示得到了长足的进步。

3. 学生微项目活动设计

项目化学习的学生活动设计不一定需要所有人都围绕同一个主题,也可以采用微项目研究型。学生可以通过认领不同的微项目来专注研究某一个条件的改变而出现的不同结果,然后将几个微项目结合起来就完成了一个大主题的研究。这样的研究既能让学生有明确的细小切入点,又能让学生集中精力做更深入的研究,也能节约相应的研究时间,在项目化研究时间紧张的情况下得到充分体验,更能体现多个微项目团队协作共成就的团队精神。

以"电离平衡的理论分析和实验探究——以醋酸为例"为例,教师在"弱电解质电离平衡影响"中,设计了 5 个微项目研究:① 理论计算 0.1 mol/L 不同弱酸的电离度;②利用数字化仪器探究升温对电离平衡的影响;③利用数字化仪器探究稀释对电离平衡移动的影响;④利用数字化仪器探究醋酸钠固体对电离平衡移动的影响;⑤0.1 mol/L 的醋酸溶液中加入镁粉溶液后的 pH 值和电导率值的变化数据,0.1 mol/L 的醋酸溶液中加入氢氧化钠溶液后的 pH 值和电导率值的变化数据。学生自主分组后进行认领研究,一周后学生就研究出了重要的规律,并在课上进行展示。原本研究这些影响因素非常枯燥,也需要很长的时间才能深刻理解,但是经过分组后学生在短时间内研究透彻,对枯燥的理论有了鲜活的理解,同时在听取他人的成果分享时也收获了其他知识和能力的成长,5个微项目汇报完学生通过定量计算、证据推理和模型认知对弱电解质溶液中离子浓度大小的比较有了更直接和准确的认识。因此,对于理论性比较强、比较抽象的项目化学习,可以分解成若干个微项目设计学生活动,以便学生更全面和更有效地提升。

4. 工业流程类学生活动设计

在学生活动的设计中,还可以挖掘教材某一个与实际相连的知识点,设计工业流程的项目化活动。教师可以先引发学生思考,然后让学生自己在实验室里模仿工业流程进行制作,从而激发学生的研究兴趣,再让学生自己设计、研讨、改进、实施、展示交流、评价工艺流程。

比如,在"海水中提取食盐"的案例中,教师发现粗盐提纯与工艺流程海水制盐有一定的联系,所以在学习完粗盐提纯的知识点后,直接抛给学生一个驱动性问题——"如何从海水中提取食盐"。于是,学生会查找工业上如何从海水中提取食盐,然后设计实验室能执行的工业流程方案,接着进行一步一步的实验研究。在操作的过程中,学生会碰到很多实际的困难,比如过滤、蒸发结晶后的晶体并没有想象中的那么纯净,甚至出现无法解释的黄色晶体现象。在滴加试剂除去盐水中的可溶性杂质时,试剂的滴加顺序、用量以及发现钾离子无法除掉时,大家更深入地体会工业制造食盐的困难以及为什么市面销售的食盐含有钾元素。学生经过工业流程类活动的体验后,会对反应原理理解更深入,对工业发展的历程更清晰,也更能体会工业发展精细化的难点和重要性,燃起将来为国家发展工业贡献力量的热情。

项目化学习中学生活动如何设计,才能更有效地锻炼和培育学生在复杂情境中的灵活的心智转换,这是一条漫长的道路,但我们会不断地努力探寻,让设计更有效,让学生真正成为心智自由的人。

二、中学化学项目化学习学生活动的设计原则

项目化学习中,学生活动有多种类型,它的设计要符合学生的身心发展,要符合一些设计原则。

1. 适切性原则

适切性原则是指项目化学习活动设计时必须符合"课程标准"的要求。"课程标准"是专家们按照国家基础教育目标制定的,是教学的准绳,一切教学内容,包括项目化学习活动,都必须要符合"课程标准",其内容与难度必须适切。

例如,在"皮蛋加工原料浸出液中的成分检验"项目中,适切性原则首先考虑的是"课程标准"的要求,它是沪教版九年级化学第二册第五、六章的内容,涉及碳酸根、氢氧根、氯离子的检验方法,该知识点要求达到 B 级学习水平,是中考基础题和实验题的重点之一,涉及的知识需要理解,是教学中的难点。研究清楚皮蛋加工原料浸出液所涉及

的知识点后,再进行后面的项目化设计就更加有效了。

2. 主体性原则

学习者是教学的主体,所以在设计项目化学习活动时,必须接近学生的"最近发展区",让学习者经过活动后能有一定程度的提升。同时,教师在设计项目化学习活动时,要站在学习者的角度设计与学习者生活、学习相关或相近的真实情境,保证学习者能以发现者的身份,通过亲身实践来探究,深入理解本质知识,从而实现知识系统的自我建构和核心素养的培育。

以"醋酸电离平衡的理论分析和实验验证"为例,该项目涉及的知识点"弱电解质电离平衡"是电解质溶液中比较抽象的部分,学生无法理解"弱"的程度,对弱电解质溶液中离子浓度的大小也不易掌握。但是学生知道指示剂遇酸或碱会呈现不同的颜色,同时对生活中的例子比较感兴趣。基于学习者的以上情况,教师设计了紫甘蓝的提取液作指示剂,引起学生的研究兴趣。用数字化传感器电导率仪和 pH 计来辅助理解弱电解质的"弱"的程度和离子浓度的大小变化。活动设计非常有效,让学生收获颇丰。

3. 整体性原则

整体性原则是指教师在设计项目化学习活动时,要关注每一个学生,设计不同种类的任务,确保学生都能参与其中,在项目化学习活动中,都能得到收获。

以"如何选择黄桃种植的土壤和肥料"为例,该项目在设计时充分考虑了整体性原则,包括设计学生所在学校本身的教育特色、教育平台,还综合了高一、高二、高三的部分化学知识,使三年的高中化学学习融为一体,更使学校的教育与教学融为一体,这样的项目扎根深入,对学生影响也是深远的。该项目的学生所在学校是一所地处奉贤的郊区学校。而黄桃是奉贤的特色,所以在农垦基地种植黄桃整合了学校和区域的特色。教学内容上涉及的有高一第二学期第 5 章第 4 节"化学肥料中的主角"的内容、高二第二学期第 13 章第 1 节"离子的检验"的内容以及高三拓展型课程中第 9 章第 4 节"物质检验"的内容。知识完整度上也让学生体会了知识之间的联系和相辅相成的关系,使学习成为一种乐趣。

三、中学化学项目化学习的学生活动设计策略

项目化学习是一种包括知识、行动和态度的综合"学习实践"活动,其目的是培养能在复杂的情境中灵活运用已学的知识解决实际问题的能力,保证学生开展高阶思维学习。所以在设计项目化学习学生活动时,通过依次完成项目化学习学生活动分析、项目化学习内容设计、项目化学习小组安排、学生问题预设与措施和评价量表设计等步骤,了解学生学习状况,保证设计的活动符合学生"最近发展区",提升学生的活动参与率和有效性。

1. 项目化学习学生活动分析

项目化学习与传统学习的不同之处在于项目化学习是以项目任务引领,包含多个

知识点和能力点。这些知识点和能力点之间可以是相互关联的,也可以是独立的,而通过项目化学习,学习者要将这些独立分散的知识点进行整合,使其系统化、结构化,帮助学习者进行自我知识构建,所以在确定项目化学习主题后,教师应该对项目化活动所包含的知识点和能力点进行精细的分析,分析内容包括项目化学习知识结构分析和育人价值分析。

1)项目化学习学生知识结构分析

对项目化学习涉及的内容进行系统分析,并找出知识内容间的内在联系,形成知识框架,使其系统化、结构化。

以"怎么证明化学反应发生了吗?"为例,该项目化学习属于第三轮专题复习范畴等专题,包括物质的检验和探究无明显现象化学反应两个知识点,探究氢氧化钠溶液与盐酸是否发生反应和探究二氧化碳是否与氢氧化钾溶液发生反应两个实验探究活动,知识结构如图2-2所示。

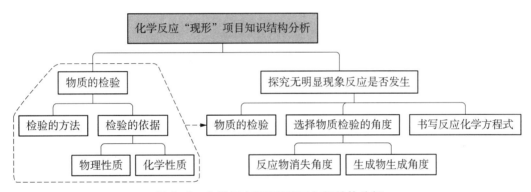

图2-2 化学反应"现形"项目知识结构分析

整个项目化学习将物质的检验和探究无明显现象化学反应是否发生两个知识点进行整合,体现了系统性和结构化。

2)育人价值分析

对项目化学习中涉及的思维方法、核心素养和能力、情感态度与价值观等方面的教学目标进行分析。

以"怎么证明化学反应发生了吗?"为例,该项目以探究怎样才能"看见"氢氧化钠溶液与盐酸发生反应为载体,通过学生以小组为单位设计实验方案、开展实验探究、分析实验现象、得出实验结论的过程,培养学生的实验探究能力、证据推理能力;总结归纳化学反应"现形"的探究方法,培养模型构建的能力,通过数字化实验的介绍,开拓学生视野,激发探究热情,这些教学过程为高阶学习能力的培养奠定基础。

该项目共两课时,第一课时主要内容为物质的检验方法,其目的是形成知识架构;第二课时主要内容为探究无明显现象化学反应,主要目的是让学生学会用已学的知识解决问题,从而培养实验探究、证据推理、模型构建等高阶学习能力。

3）学情分析

学情分析不仅要针对学生现有的知识结构和能力结构进行分析,同时还要分析学生的心理储备和可能遇到的困难。

以"怎么证明化学反应发生了吗?"为例,该项目主要是以酸、碱、盐的检验方法为核心知识,并将其有机地运用于解决综合问题。目前学生已经具备了一定的酸、碱、盐的相关知识,物质的检验、一定的实验设计和操作能力。对常见的问题已经具有一定的解决方法,但是如果遇到比较新颖的问题,就可能不知所措。该项目以综合问题的形式,帮助学生将这些知识点和能力点进行融合。并以小组合作的方式,在一定程度上提升全体的综合解题能力和学习品质。

4）重点和难点分析

指分析该项目化学习的重点和难点部分。

以"怎么证明化学反应发生了吗?"为例,教学重点是以氢氧化钠溶液与盐酸是否发生反应为载体,复习酸、碱、盐的知识,教学难点是总结归纳化学反应"现形"的探究方法,对物质的检验形成认知模型。

2. 项目化学习内容设计

项目化学习需要解决某个问题,产生可见的公开成果,引导所有参与者对成果进行评论和分析,成果的修订、完善、公开报告的过程被看作学习的重要组成部分,所以项目化学习内容的设计和课时的分布是项目化学习顺利、有序进行的保证。

以"皮蛋加工原料浸出液中的成分检验"项目化学习的课时安排为例。该项目化学习分为三个课时,分别为入项活动(原理学习和调查研究)、方案交流(设计实验方案并交流完善)和展示交流。

3. 项目化学习小组安排

学习是学习者构建知识的过程,这意味着学习是主动的,学习者不是被动的接受者,是要对外部信息进行主动的加工和选择。实验探究是学习化学知识的有效方法之一,为了保证每个学生都能在项目化学习活动中有一定的收获,一般情况下,项目化学习小组以5~6人为一组比较适合。而在学生组合的过程中,应考虑每个学生的不同层次,在组建项目化学习小组时,要将各个层次的学生有机组合,防止出现部分学生被"边缘化"的问题。在分配任务时,要注意给每一个学生分配一定的任务,如组长、交流员、观察员、实验员、记录员、评价员等,保证每个学生都能积极参与项目化活动。

以"家用消毒剂的制备研究"为例,张莉老师首先根据学生综合学习能力和素养,将学生分为A、B、C三个类型,由A类学生担任小组组长,然后B类、C类学生自主选择组长组建小组,尽量实现平均分配,每组6人左右。由组长与组员进行协商,选定项目化学习的研究主题,安排计划与分工。组员主要与学习同伴共同学习、查阅资料、分析讨论和探究展示。组长的协调组织和成员间的合作互助都显得尤为重要。这种方式可以让学生体验合作学习,共聚集体智慧。

4. 学生问题预设与措施

在项目化学习推进的过程中,难免遇到一些学习者依靠自己的能力无法解决的问题或困惑,为了更好地推进项目化学习,教师在设计项目化学习活动时,应该尽可能地预设学习者会遇到的问题,并寻找一些方法,帮助学习者更好地突破难点。

以"常用补铁剂,你补对了吗?"项目为例,对于学生而言,什么是缺铁性贫血、如何治疗缺铁性贫血是知识盲区,所以姚雪老师在研究前期设计了对于贫血(主要是缺铁性贫血)及常见的补铁剂需要进行有关资料的查阅工作及市场调研工作。图 2 - 3 是学生代表的调研报告。通过调研工作,学生对于贫血(主要是缺铁性贫血)及常见的补铁剂服用的注意事项有了一定的认识和了解,体验了小组合作的学习方式,为后续项目化学习的推进奠定了良好的基础。

调查报告

一、什么是缺铁性贫血

铁是血红蛋白合成不可缺少的元素。正常成人体内含铁 $3 \sim 4.5$ g。缺铁性贫血(Iron Deficiency Anemia, IDA)是体内长期铁负平衡的最终结果,是由于体内储存铁(包括骨髓、肝、脾及其他组织内)消耗殆尽,不能满足正常红细胞生成的需要而发生的贫血。属小细胞低色素性贫血。缺铁性贫血是世界上最常见的贫血,也是老年性贫血中最常见的类型之一,可占贫血中的 $20\% \sim 50\%$。

二、治疗缺铁性贫血的常见药物

硫酸亚铁、富马酸亚铁(富血铁)、琥珀酸亚铁、枸橼酸铁铵、缓释铁等。

三、服用补铁剂的注意事项

以硫酸亚铁、富马酸亚铁(反丁烯二酸亚铁)、琥珀酸亚铁(含铁 Fe^{2+} $34\% \sim 36\%$ 的无水碱式盐)作为样本。

1. 不得长期使用,应在医师确诊为缺铁性贫血后使用,且治疗期间应定期检查血象和血清铁水平。
2. 儿童用量请咨询医师或药师。
3. 本品不应与浓茶同服。
4. 本品宜在饭后或饭时服用,以减轻胃部刺激。
5. 如服用过量或出现严重不良反应,应立即就医。
6. 对本品过敏者禁用,过敏体质者慎用。
7. 请将本品放在儿童不能接触的地方。
8. 维生素 C 与本品同服,有利于本品吸收。
9. 如与其他药物同时使用可能会发生药物相互作用,详情请咨询医师或药师。

图 2 - 3　学生关于市售补铁剂的相关调查报告

5. 评价量表设计

评价是项目化学习中不可或缺的部分,评价量表能更好地帮助学习者发现项目化学习中存在的问题,引导学习者进行反思,培养自主学习能力,所以评价量表设计在项目化学习活动中起着关键性作用。在设计项目化学习评价量表时,不仅要对学习成果进行评价,更要对学习的过程进行监控,帮助学习者有效推进每个探究环节。

以"强酸与弱酸的比较"项目评价为例,该评价分为过程性(包括实验方案、实验过程)和终结性评价(包括实验报告、交流展示),各占 50%。涉及科学性、可行性、创新性、合作性、反思性、条理性等方面。及时了解每个项目小组的学习情况,引导学生寻找合适的方法完成项目任务。对每个小组的项目化学习成果采用自评、互评及教师评价相结合的方式,各占 30%、30%、40%,充分体现学生的自主评价,调动学生的积极性,如表 2-5 所示。

表 2-5 "强酸与弱酸比较"项目化学习研究成果评价量表

班级＿＿＿＿＿＿＿＿＿　　　项目研究小组组员＿＿＿＿＿＿＿＿＿＿　　　评价人＿＿＿＿＿＿＿

评价指标	表现标准	分值	表现水平							
			自评	师评	互评					
					小组1(与镁反应,比较速率)	小组2(导电仪测导电率)	小组3(数字实验测导电率)	小组4(数字实验测pH值)	小组5(pH计测pH值)	小组6(稀释测pH值)
实验方案	科学性:能准确理解和应用电解质概念及电离平衡原理	10								
	可行性:实验试剂和仪器选择合理,操作步骤简单,实验数据易采集,数据真实可信	10								
	创新性:实验方法有创新,或者仪器装置有改进	5								
……	……									
总分		100								
评价体会										

注:师生对照评价量表的标准,根据符合程度进行表现水平评价。每项满分 10 分,"10"表示完全符合,"8~9"表示大部分符合,"6~7"表示基本符合,"3~5"表示少量符合,"0~2"表示完全不符合。

　　总之，不同类型、不同课时、不同环节的中学化学项目化学习，设计的学生活动有所不同，但都要符合学生需求和学科特点，充分调动学生参与的积极性，提升学生的化学学科核心素养。

第六节　中学化学项目化学习公开成果的研究

《普通高中化学课程标准(2017 年版 2020 年修订)》在其基本理念部分中提到,以发展化学学科核心素养为主旨,重视开展"素养为本"的教学。《义务教育化学课程标准(2022 年版)》中也明确规定,跨学科主题学习(实践)活动至少占化学学科总课时的 10%,跨学科主题学习(实践)活动是项目化学习的主要组成部分。项目化学习是通过小组合作完成一项真实、需深度思考的驱动性任务,并取得最终成果的一种学习方式。项目化学习注重对于学生高阶思维的建立,强调学习实践,在实践过程中有效地提升解决问题的能力,也让学科核心素养的培育落到实处。在"双新"背景下,化学教学中更要注重项目化学习的教学方式,这样可以有效提高学生的知识应用、问题解决及生活实践等能力。项目化学习是一种学生全程参与的学习方式,公开成果不仅是对整个项目化学习的总结,还对学生有极大的激励作用,所以公开成果的设计在整个项目化学习过程中起到十分关键的作用。本书根据夏雪梅博士《项目化学习设计:学习素养视角下的国际与本土实践》一书中提到的公开成果的设计理念,初步总结化学学科实施项目化学习公开成果的设计策略。

一、中学化学项目化学习成果的类型

项目化学习过程中,往往会以小组的形式进行各项活动。各小组会有不同的任务,根据任务及组内成员的具体情况,组内又会有明确的分工,组员都要积极参与活动,充分开发每一位成员的潜力,完成各自事先所分配的子任务,在此基础上,最终由各小组长形成小组的集体成果,所以项目化学习要同时考查学生个体和团体在项目化学习中的进展,成果也需要包含个人成果及团队成果。

1. 个人成果

为了更好地提升项目化学习的实际效果,不仅要重视最终任务的完成,还要重视学生个体在过程中参与、体验的情况。个人子任务的完成成果也是终结性评价的一项重要内容,它可以保证每个学生都能真正参与项目化学习,确保每个学生在项目化学习过程中都能有所习得与收获。个人成果的形式多样,如调查报告、实验方案、实验演示等。通过不同形式的展示,学生可以完善自身的学科核心知识,提升核心素养与关键能力。同时,与他人合作完成项目,亦是学会团队协作,在集体学习过程中获得成就感和归属感的一种重要的方式。

2. 团队成果

项目化学习的公开成果最终大多以集体成果的形式进行展现和交流,一般化学学科的项目化学习有调查类、实验类、设计类等,根据不同类型的项目化学习,往往也会形成不同类型的团队最终成果。

1) 调查类成果

调查研究是项目化学习中普遍使用的研究方法,例如根据项目任务的需要,了解一些日常生活生产中的知识,多为采用调查研究的方法。学生根据项目任务,明确调查方向及内容,并设计形成调查问卷,确定调查方案。在调查实践后,最终完成调查报告,并进行汇报展示,在自评互评的基础上进一步修改完善,形成最终的成果。

2) 实验类成果

化学实验是化学科学赖以产生和发展的基础,化学研究需要实验,学习化学同样离不开实验。作为化学课程的重要组成部分,化学实验是激发学生学习兴趣的重要载体,更是学生探究物质世界、解决与化学相关的实际问题的重要手段。项目化学习中,就有很多采用实验的形式。实验类的项目化学习中通常包含设计实验方案、实验探究、观察并记录实验现象、数据处理分析等,最终的成果是完成一份较为完整的实验报告。

以刘清华老师的"电离平衡的理论分析和实验验证——以醋酸为例"项目化学习为例,学生分组认领微项目,分别是温度、浓度、同离子效应和化学反应等因素对弱电解质电离平衡的影响,然后进行实验方案的设计、修订和撰写,进行探索实践,并在实践的基础上对实验方案进一步修改完善,最后形成项目成果。

3) 设计类成果

应用已有的化学知识来解决生活实际问题或者学习中遇到的困难,就需要学生能够深入分析相关的学科知识,并进行方案的设计。这个方案的设计可以是较为完整的实验方案,也可以是某个实验装置或者某些简单的实验方法等。

例如,在徐雪峰老师的"具有启普发生器功能实验装置的设计"项目化学习中,开展了微项目学习,结合学习目标,引导学生利用现有器材设计具有启普发生器功能的简易装置,各小组都展示了自己设计的实验装置,解读了设计原理等,其他同学听完后就他们的设计提出质疑及修改的建议,课后通过进一步完善,得到更为合理的实验装置。

无论是哪种类型的成果,一般都包含两大类内容,一类是制作或表现出来的产品,一类是用来说明这个产品内在设计理念与过程的文本、PPT 或口头报告。学生在项目化学习过程中生成的材料,比如,调查问卷报告、实验现象记录、实验数据分析、实验报告、项目方案、个人学习体会反思等均可以作为佐证材料。

二、中学化学项目化学习成果的设计原则

项目化学习和其他类型教学的区别在于,项目化学习最终要形成公开的有质量的成果,并在多样的群体中进行交流。项目化学习公开成果可以让学生的学习变得更有动力,可以让学生再次回顾自己的项目历程,促进学生反思,让所学的知识变得可视和易于讨论,同时让整个项目变得更具真实性。公开成果的设计应包括三个原则。

1. 指向性

项目化学习是在问题驱动下,小组合作完成一项任务,所以项目化学习成果应指向驱动性问题,是围绕驱动性问题进行探索实践并最终解决问题而形成的成果。

2. 有效性

项目化学习最终成果的展示是展现学生自己和小组其他成员在学习过程中对于核心概念的深入理解和探究,是要解决真实问题,体现对于核心概念的理解。项目化学习要同时考查学生个体和团体在项目化学习中的进展,所以成果也需要同时包含面向个体和团体的学习成果。每一个学习目标中所列出的重要概念都需要在成果中表现出来,进而落实学科核心素养的培养。

3. 多样性

项目化学习成果的呈现形式,较为多见的是学生分组进行交流其制作或表现出来的产品,并对自己所在小组在实践探索的过程中进行思考和调整。也就是说,不仅要交流得到了什么成果,还要交流是如何得出这样的成果。成果汇报的时候,小组内部需要进行评价和补充,小组之间更要进行评价和完善。学生在项目化学习过程中生成的材料经过整理汇总也可以作为成果。

三、中学化学项目化学习成果的设计策略

进行项目化学习时,设计者要清楚项目化学习所要呈现的最终成果是怎样的,要结合核心知识、核心目标、成果类型、个人与团体的关系等合理设计项目化学习成果。接下来从不同视角举例说明,如何设计高质量、高参与度的项目化学习成果。

1. 依据核心知识的成果设计

项目化学习成果的设计要指向核心知识。首先要明确驱动性问题中反映的核心知识是什么,再根据核心知识去设计项目化学习成果。核心知识、成果、成果评价三者要保持一致性,这样才能反映项目化学习中教、学、评的一致性。

例如,在马文斌老师的"如何选择黄桃种植的土壤和肥料"项目化学习中,其核心知识如表2-6所示。

表2-6 "如何选择黄桃种植的土壤和肥料"核心知识

主要知识和技能	关键概念或能力	学科素养
离子的检验与共存	① 掌握高中混合离子的检验方法 ② 离子检验思维模型构建	证据推理与模型认知

（续表）

主要知识和技能	关键概念或能力	学科素养
化肥的应用	① 化肥的知识 ② 化肥使用时的注意事项 ③ 化肥与土壤的关联性	科学精神和社会责任

依据以上核心知识，马老师设计了项目化学习成果：让学生探究该校土壤是否适合种植黄桃，测定土壤的成分，如何合理选择肥料。这些项目化学习成果对应了离子的检验与共存等核心知识，学生通过亲身实践体验，从多角度、多种形式去解决问题，不仅学习到核心知识，还培养了学科核心素养。

2. 依据学习类型的成果设计

项目化学习成果类型主要有两大类：强调"做和表现"的制作表现类成果和强调"说和写"的解释说明类成果。两类成果可以单独产生，也可以同时产生，制作表现类成果有时可以直接体现核心知识，有时可能体现得不太明显，这时就需要解释说明类成果来辅助，学生在解释说明时要指向核心知识，不但要说明自身对核心知识的理解，也要说明在学习中的各类实践。

以张莉老师的"纯碱样品中碳酸钠含量的测定研究"项目化学习为例，该项目属于实验类。教师先让学生交流鉴别同浓度的盐酸和醋酸的实验方案，讨论完善方案，4～6人一组，团队合作，小组分工，动手实验，鉴别同浓度的盐酸和醋酸，然后修订、完善实验方案，撰写实验报告，以小组为单位，分享交流实验过程、进行结果分析及反思。这样既强调"做和表现"的制作表现类成果，也强调"说和写"的解释说明类成果，学生动手实验修改完善方案，就是制作类成果，培养了学生的实验动手、团队合作、解决问题等能力，实验结束后让学生撰写实验报告，制作 PPT，在课堂进行展示，解释自己的方案及实验结果，这些都是解释说明类成果，两者相辅相成，缺一不可。

3. 依据学习目标的成果设计

学习目标的达成度是判断教学有效性的重要指标之一，所以在成果设计时一定要保证与学习目标的一致性，要列出每一个成果所指向的目标，确保每个成果都能指向核心目标，避免遗漏。

例如，金丽霞老师的"海水中提取食盐"项目化学习的教学目标为理解过滤原理，并完成粗盐提纯实验，理解碳酸钠溶液与盐酸反应、硫酸钠溶液与氯化钡溶液反应、氢氧化钠溶液与氯化镁溶液反应，描述反应现象并写出化学反应方程式。根据这些目标，要求学生设计简单实验，尝试由海水制得食盐，设计除去粗盐中可溶性的氯化钙、硫酸钠、氯化镁等杂质实验方案，并对方案进行解读说明和实验验证。这些成果既有实验类成果，也有解释说明类成果，成果的设计都指向了教学目标。

4. 依据学习条件的成果设计

项目化学习的成果是要公开的,展示自己的作品可以激发学生的学习动力,回顾学习历程,促进学生反思,使成果可视性强,便于学生之间讨论。依据客观学习条件,可以在教室、走廊、图书馆等地方设置简单或者隆重的成果展,让学生对该项目印象更深,更有成就感。

例如,在陈丹华老师的"如何使燃烧发生和停止"项目化学习中,让学生用所给材料制作一个灭火器,并进行灭火小实验的视频拍摄。通过"小黑板"对大家录制的小视频进行公开发布,在教室后排展示大家制作的灭火器作为成果展,这样的设计调动了学生参与的积极性及认真度,使学生更有成就感。

5. 依据个体差异的成果设计

学生之间存在认知、兴趣、实践等各方面的差异,在设计项目化学习成果时可以有选择性,让学生自由选择不同的方法、实践和成果回应驱动性问题。

例如,在蒋楠老师的"室内甲醛的检测"项目化学习中,要求学生理论探究甲醛的化学性质,根据学生的个体差异,让学生从查询资料、实践探究、模型推理等三个不同的角度来解决问题,根据学生的认知、兴趣、实践能力等,让学生自主选择方法,解决问题,得出成果。

6. 依据个人和团体匹配度,设计关联的成果

项目化学习成果要同时包括个人成果和团队成果,两个成果都要指向核心知识,也要彼此有关联。

例如,在陈丹华老师的"如何使燃烧发生和停止"项目化学习中,让学生用不同的方法熄灭燃着的蜡烛,并结合燃烧的条件说明灭火的原理,请组内成员分工合作并完成记录表。实验操作员、记录员、汇报员、仪器整理员、评价员、组长各司其职,有利于激发学习的兴趣,有意识地进行自主学习,参与项目探究活动,小组各成员按照不同的分工,就会得出不同的个人成果,整合起来就是团队成果,两者有很好的匹配度。

通过上述对项目化成果设计原则、项目化成果类型、项目化成果设计策略等内容的介绍,希望能够给读者带来一些启发。成功的项目化学习成果的设计能激发学生的学习主动性和学习化学的兴趣,能充分挖掘每个学生的潜力,充分发挥每个学生的优点,让学生在学习中能够取长补短,能提高观察和思考及解决实际问题的能力。

第七节　中学化学项目化学习的教学评价

评价是教学中不可或缺的重要组成部分,项目评价在项目化学习活动起着激励、调节、诊断、管理、发展的重要作用。基于对中学化学项目化学习的实践研究,我们构建了"三阶段"评价模型,尝试以评促教,关注学习过程,关注学生整体和个体差异,构建科学合理的评价体系,运用多样化的评价方法,制定多维度的评价指标,对项目化教学进行多角度、全方位评价,以提升学生学科核心素养、激发学生学习潜能,促进学生全面发展。

一、中学化学项目化学习的教学评价原则

项目化学习教学评价以国家课程建设理念、化学课程标准、学生学情为评价依据,以促进学生成长、提高教师教学水平和促进学校发展为目标,达到以评促学、以评促教的目的,充分体现化学学科育人功能,注重化学学科核心素养的培育,体现化学教学的基础性、时代性和实用性。根据项目化学习的特点和要素,制定适合中学生的化学项目化学习评价原则,凸显科学性、导向性和主体性原则,达到发展学生化学学科核心素养的目的。进行中学化学项目化学习教学评价有五个原则。

1. 科学性原则

项目化教学评价的制定应坚持以核心素养为导向,落实立德树人。在项目化学习评价方案中,全面设置体现学生在项目学习活动中的化学学科核心素养的表现性观测点,科学制定评价标准和指标的权重,获得真实可靠的评价资料,以事实为基础,准确地反映学生的核心知识和关键能力发展的真实情况。

2. 导向性原则

在项目化学习的三个阶段,学习活动的各个环节评价中要设置关键性指标,进行导向性评价,客观反映学生在各个指标上的优势和不足,记录学生的学科发展轨迹,并将其作为指导改进教学工作的重要依据。

3. 发展性原则

项目化教学评价着眼于学生学科素养的提升和关键能力动态的发展,着眼于教师教学的改进和能力的提高,激发师生潜能,为教师的教和学生的学增加前行的动力。因此,项目评价是动态发展的,以求更及时准确地反馈。

4. 主体性原则

在项目化学习的评价过程中,学生是学习的主体,是项目化研究的发起者、实施者和观察者。而教师起主导作用,在各个学习环节不断介入、引导和帮助学生攻克难点。因此,现代教学评价要转换观念,注重学生主体地位,以人为本,师生共评。

5. 全程性原则

关注学生项目化学习的整个实践过程,注重学习过程性考察及成果评价相结合,从而引发学生对项目深度的学习和理解。通过多种形式收集学生的表现证据,对项目化学习过程进行全程评价,督促学生全身心地投入学习的每一个环节,同时学生也能够依据评价的结果有效地反思项目化学习整个过程中存在的不足,并加以改进。

二、中学化学项目化学习的教学评价方式

项目化学习的教学评价方式要符合项目化学习的特色,将学生主体也纳入评价系统,建立"教师自评-学生评价-教研组互评"相结合的评价系统,促进教师不断提高项目化学习的教学设计、实施和反思能力。

1. 教师自评与教研组互评相结合

在项目化学习的评价中,评价对象采用教师自评与教研组互评相结合的方法。教师作为教学设计者和组织者,自评强调对自身教学行为的分析与反思,对项目化学习的教学设计、实施及成效进行全方位的反思,并加以改进。教研组互评包括备课组、教研组、领导等他人的评价,从旁观者角度对项目设计和教学实施的情况提供考察、评价。自评与互评相结合,有利于教师更清晰地反思教学得失,更快提升项目化学习的教学能力。

2. 教师评价与学生评价相结合

在项目化学习的评价中,评价主体选用教师评价与学生评价相结合的方法。教师评价主要从教学目标、教学内容、教学方法、教学过程、教学素养、教学时效性等方面入手。学生评价主要从课堂氛围、问题讨论、学法指导、启发、引导等方面入手。从教学组织者和教学参与者两种角度进行评价相结合,有利于更全面认识项目化学习的效果,以评促教。

以高二化学"学校电脑房甲醛超标了吗?"项目化学习为例,从研究的方案、研究过程、研究报告、展示交流四个方面进行评价,评价的主体有自评、师评以及 6 个小组学生的互评,可以给项目学习者多方面、多角度、多层次的评价,这样也可以使评价更公平和公正,有效地提升学生项目化学习的能力。

3. 过程性评价与终结性评价相结合

在项目化学习的评价中,评价方式采用过程性评价与终结性评价相结合的方法。项目设计和实施阶段更关注过程性评价,教学反思阶段更关注终结性评价,两者相结合

的教学评价既关注项目化学习的教学过程,也注重项目化学习教学的结果和成效,关注整个项目化实施过程中学生化学学科核心素养的发展,为教学改进提供有力依据。

例如,在高二化学"醋酸电离平衡的理论分析和实验验证"项目化学习中,对学生项目化学习的过程进行评价。从项目学习的制订计划、项目活动、成果展示、汇报交流四个维度进行评价,综合评价学生的团队合作能力、证据推理和模型构建能力、创造力、批判性思维能力以及在该项目中的参与度等,过程性评价有利于促进学生的学习积极性和自主性,进而提高学习效率。

三、中学化学项目化学习的教学评价指标

中学化学项目化学习教学评价注重综合评价,过程性与终结性评价相结合,教师和学生评价相结合,对化学学习的过程进行多层次、多维度的评价。根据学生的发展情况,选择合适的评价方式,构建富有特色的化学评价体系。教师自评是为了更全面认识和反思教学设计和组织,互评更为客观,学生评价作为补充。根据教师自评、教师互评、学生评价的重要程度,对不同的指标进行加权处理。针对初高中的不同情况,将量化指标与质性指标相结合,为结果评价提供证据支持。

1. 基于素养的化学项目化学习"三阶段"教师教学评价模型

以"课程标准"为依据,分析学生学情,构建以学生为本、定性与定量相结合的项目化学习的"三阶段"教师教学评价模型,分阶段制定符合学生实际的项目化学习的教学评价指标,如图 2-4 所示。

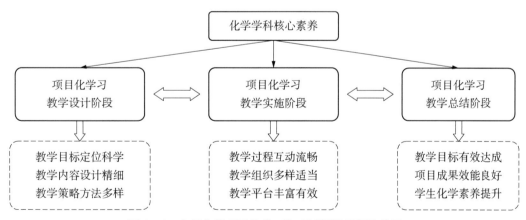

图 2-4 中学化学项目化学习"三阶段"教学评价模型

三个阶段针对项目化学习的六要素及教学要求,分别制定了教学评价指标和表现标准(见表 2-7)。在项目化学习设计阶段以目标为导向,激励学生自主探究;在项目化学习实施阶段以问题为导向,激励学生合作研究;在项目化学习成果阶段以价值为导向,激励学生创新研究。

表2-7 项目化学习教师教学评价量表

日期_____ 班级_____ 执教_____ 项目名称_____ 评价人_____

评价指标	表现标准	分值	自评	互评
项目化学习教学设计	教学目标定位科学:制订的项目目标符合课程标准和学生学情,全面具体明确,重难点得当	10		
项目化学习教学设计	教学内容设计精细:核心知识、技能定位符合"课程标准"要求,在项目化学习中有体现和应用,没有知识性的错误和疏漏;高阶认知策略清晰、多样,符合学生实际,综合应用,带动低阶认知;驱动性问题合理,基于真实的生活情境,具有趣味性、开放性、学科性,能有效驱动学生主动投入探究;学生研究活动多样,包含调查类、体验类、研究型等多种学生活动;成果类型及公开方式明确,有个人成果及集体成果要点、标准、呈现方式;学生评价方式多样,评价量表设计注重学生研究过程,凸显学生主体地位	20		
	教学策略方式多样:采用多种教学策略,体现激励性、互动性、信息化,鼓励学生向深度学习挑战	10		
项目化学习教学实施	教学过程互动流畅:教学思路清晰,体现知识形成过程,课堂结构严谨,教学各环节衔接自然,教学节奏松弛有度;面向全体,注重差异,因材施教,师生互动好;教学气氛民主,注重生成性问题的处理;注重培养学生的创新能力	10		
	教学方法灵活适当:教学方法多样,注重培养学生学习的能力;自如运用信息技术辅助教学,如视频、Flash、投影等,提高教学趣味性;教学信息交流反馈及时,矫正奏效;教师教态自然亲切、端庄大方、感情投入、富有激情,具有亲和力和人格魅力;语言规范简洁,板书工整美观,善于组织调控教学,逻辑清晰	10		
	教学平台丰富有效:搭建多种项目化学习展示交流平台,关注不同层次学生的研究、交流、展示、质疑、评价,调动学生主动学习积极性,将学生研究成果在课堂内展示;鼓励学生自悟、发现、发表不同见解,启发学生思维	10		
项目化学习教学总结	教学目标有效达成:师生共同反思项目研究过程,有效达成项目化学习的教学目标,课堂气氛融洽,教学效果好	10		
	项目成果效能良好:反思评价个人及集体的项目研究成果,成果具有针对性、有效性、创新性,确实解决生活情境问题	10		
	学生化学素养提升:学生会学,学习主动,学习动机、兴趣、习惯、信心等在原有的水平上得到提高,合作学习能力和化学学科核心素养得到提升	10		
总　分		100		
评价体会				

注:对照评价量表的标准,按照符合程度进行表现水平评价。

2. 基于素养的化学项目化学习学生教学评价指标

学生作为项目化学习的主体,将其纳入教学评价体系,可在单元项目化学习结束后,请每个项目小组的一名观察员代表小组进行教学评价,谈谈收获和感受,从学生角度评价教师的师德专业能力、项目化学习的教学组织管理、项目化学习的教学成效等(见表2-8),有利于教师换位思考,从另一角度对项目化学习的教学进行反思和改进。

表2-8　项目化学习学生教学评价量表

日期＿＿＿＿＿　班级＿＿＿＿＿　执教＿＿＿＿＿　项目名称＿＿＿＿＿＿＿＿　评价人＿＿＿＿

评价指标	表现标准	分值	评分
教师师德专业能力	老师师德素养好,为人师表,注重学科育人,师生关系融洽	10	
	老师学科专业知识水平好,在项目化学习中的指导能力强,老师的项目化学习的教学组织能力强,备课认真,上课重点突出,条理清晰,授课时启发学生思考,调动学习兴趣,课堂教学语言流畅,板书恰当,使用现代化教学手段合理,重视研究性学习,对学习困难学生关心	10	
项目化学习的教学组织管理	老师的课堂组织管理能力强,项目化学习研究过程中注重对学习习惯培养和学习方法指导,引导学生"做什么""怎么做""为什么做",考虑学生认知,学生能理解教师意图,项目化学习活动有趣	15	
	搭建的展示交流平台好,成果展示充分,有质疑交流机会;评价真实有效,评价方式多样,评价量表设计注重项目化学习的研究过程和成果,凸显学生主体地位	20	
	布置作业适量、有针对性,作业批改认真,反馈及时,鼓励质疑,辅导答疑好	15	
项目化学习的教学成效	讲课内容能听懂,充分利用已有学习经验,让学生学会本项目的学科核心知识,学习内容具有巩固性和持续性,在认知情感技能方面有进步,对今后的学习、其他学科学习奠定了基础	15	
	项目化学习研究过程收获很大,调查研究、文献研究、实验设计、合作研究、观察动手、评价能力提高,化学素养提升	15	
	总体情况得分	100	
学习评价体会			

3. 基于素养的化学项目化学习学生学习评价指标

基于素养的化学项目化学习学生学习评价包括学生自评、互评和师评相结合,过程性和总结性相结合。

1)完善评价主体,以人为本师生共评

项目化学习中,学生是学习的主体,是项目化研究的发起者、实施者和观察者。而教师起主导作用,在各个学习环节不断介入、引导和帮助学生攻克难点。因此,对项目化学习过程的评价要转换观念,以人为本,师生共评。首先从学生主体入手,教师引导学生独立思考,并从多维度评价和分析,在此过程中,教师要及时分析学生的自评。在项目学习过程中,学生之间可以彼此分享和分析学习成果,这是十分有意义的内省机会。此外,教师作为项目化学习的设计者和指导者,参与学生项目学习的整个过程,所以教师的评价也十分重要。

例如,在高一化学"家用消毒剂漂白剂的制备研究"项目化学习中,以家用消毒剂漂白剂的制备实验作为项目化学习的载体,通过驱动性问题提出一个开放性的核心任务,通过教师的四次介入,引导学生进行五步研究,从制备实验的"方案选择-实验体验-报告撰写-结果分享-互评提升",体验"提出问题-分析问题-解决问题"的科学研究方法,最终形成个人成果与集体成果两种研究成果,提升学生化学学科核心素养。该项目分为四个课时(见表2-9),分别为入项活动(原理学习+调查研究)、方案交流(设计实验方案并交流完善)、实验研究(小组合作制备含氯消毒剂)、展示交流,每个课时的学习都包含学生和教师的共同评价。

表2-9 "家用消毒剂漂白剂的制备研究"项目化学习课时安排

课时	研究任务	教学内容	学习成果	评价方式
1	入项活动	① 导引:驱动性问题布置项目化学习任务 ② 原理学习:氯气及次氯酸盐的性质及制备原理	调查成果、实验方案、汇报PPT	自评+师评
2	方案交流	① 小组交流超市调研成果 ② 小组交流、研讨、修订完善实验方案	实验方案	自评+互评+师评
3	实验研究	小组合作研究制备一种含氯消毒剂	实验报告、汇报PPT	自评+互评+师评
4	展示交流	小组交流展示研究成果	项目研究报告	互评+师评

2)定性定量结合,多角度评价

项目化学习的评价方式是多角度的,除了定性的语言评价,还需要制定学习量表,进行初步的定量评价。

例如,在初中化学"如何使燃烧发生和停止"项目化学习中,有一环节是用不同的方法熄灭燃着的蜡烛,并结合燃烧的条件说明灭火的原理。每个小组内每位成员分工合作,实验操作员、记录员、汇报员、仪器整理员、评价员、组长各司其职,激发学生学习的兴趣,让学生有意识地进行自主学习,参与项目探究活动。参与面和参与度都明显提升,学生真正参与获取知识、培养能力的过程。该项目的小组自评及互评表如表2-10所示。

表 2-10 "如何使燃烧发生和停止"项目小组自评及互评量表

人员分工	姓名	需完成任务	完成情况	
			自评	互评(组长评价)
实验记录员		真实记录实验现象		
实验操作员		动手搭建装置,进行实验操作		
实验分析员		分析实验现象,得出实验结论		
仪器整理员		实验后整理仪器及药品		
汇报人员		代表小组进行展示汇报		
观察评价员		观察各组展示汇报,并进行分析评价		

注:评价方法——根据活动中的表现,在"完成情况"中,用 A、B、C 等级表示评价,A 为优秀,B 为良好,C 为一般,请组长完成对组内同学的评价。

3)关注评价过程,全方位综合评价

评价指标对学习过程及学习结果具有导向性。项目化学习不仅要取得个人成果和团队成果,更注重学习过程中学员的收获。因此,评价指标要同时兼顾学习过程和结果,凸显学习过程中学生学科核心素养的提升。项目化学习的评价要客观公正,测量的标准、方法、比例等都应符合客观实际,不能仅凭教师主观臆断或个人情感,要根据课程标准、教学实际情况和学生实际情况,由师生共同制定评价指标,从而促使学生在参与评价中知行合一。

例如,在"如何净化乙醇汽油的燃烧产物"项目化学习中,涉及资料收集、实验设计、实验报告的撰写、表达交流和组内合作等评价指标,但因为初三年级学生才初步涉及化学学习,且评价能力较弱,所以该项目以打"☆"的方式,以模糊的定量方式,初步培养学生的评价能力,评价量表如表 2-11 所示。

表 2-11 "如何净化乙醇汽油的燃烧产物"项目化学习研究成果评价量表

班级＿＿＿＿＿＿＿＿＿ 评价人＿＿＿＿＿＿＿＿＿

指标名称	指标描述	组间互评			
		第一组	第二组	第三组	第四组
资料搜索	乙醇汽油相关资料完善、清晰明确	☆☆☆☆☆	☆☆☆☆☆	☆☆☆☆☆	☆☆☆☆☆
实验设计	能准确理解和应用混合物检验和除杂的一般思路,实验试剂和仪器选择合理,操作步骤简单	☆☆☆☆☆	☆☆☆☆☆	☆☆☆☆☆	☆☆☆☆☆
实验报告	"如何净化乙醇汽油的燃烧产物"实验报告及实验设计方案完善,无漏项	☆☆☆☆☆	☆☆☆☆☆	☆☆☆☆☆	☆☆☆☆☆

指标名称	指标描述	组间互评			
		第一组	第二组	第三组	第四组
表达交流	实验成果汇报条理清楚,讲解逻辑思维严密,内容汇报完整	☆☆☆☆☆	☆☆☆☆☆	☆☆☆☆☆	☆☆☆☆☆
组内合作	小组成员之间分工合理,人人动手,有讨论、有商议、有改进,合作研究氛围好	☆☆☆☆☆	☆☆☆☆☆	☆☆☆☆☆	☆☆☆☆☆

注:根据符合程度进行表现水平评价。每项满分5颗星,"5颗星"表示"优","4颗星"表示"良","3颗星"表示"中","2颗星"表示"合格","1颗星"表示"不合格"。

在化学项目化学习每个环节的学习活动中,教师要关注学生的学习过程,综合运用多样化的评价方法,不断通过过程性评价进行介入、指导,通过全程的评价反思,调整项目化学习的实施。

项目化学习的评价是对照项目目标对学生自身发展的过程进行价值判断的过程,是对照课程标准让教师调节教学活动的价值过程。通过对课堂实践的不断研究,我们对项目化教学评价有了一定认识,要从项目化学习教师和学生两方面进行评价。

总之,项目评价是为了更好地开展项目学习,评价结果真实、有效、全面地反映学生项目学习的情况。充分利用项目评价结果尤为重要。化学项目化学习的课堂教学评价还处于探索阶段,如何改进评价目标、评价方式和评价指标,以求更科学、合理、完善、人性化,以评促教,值得我们继续实践和探索。

第三章

中学化学项目化学习的案例分析

　　项目化学习作为一种新的教学模式，旨在通过学生合作解决真实情境的驱动性问题，完成一个完整的项目任务，在解决问题的过程中掌握核心知识，提升学生学科核心素养。本章精心选取了沪科版高中、初中化学教学中的项目化学习的 11 个案例研究，从初三年级到高三年级，涉及生活、生产中应用化学知识解决项目问题，也包括跨学科的项目研究，希望为广大教师进行项目化学习教学提供参考。

第一节 "醋酸电离平衡的理论分析和实验验证" 项目化学习教学案例

项目单位及负责人:上海市奉贤中学 刘清华

项目名称:醋酸电离平衡的理论分析和实验验证 项目时长:5课时

教材版本:沪科版高中化学 年级:高二年级

巴克教育研究所对项目化学习进行了比较详细的界定阐述:"学生在一段时间内通过研究并应对一个真实的、有吸引力的和复杂的问题、课题或挑战,从而掌握重点知识和技能。"从核心素养的角度理解项目化学习,倡导注重解决真实情境中的问题,培养关键能力和文化素养。"弱电解质电离平衡"是"电解质溶液"中比较抽象的知识,通常教学中都是定性分析,学生不知道弱电解质电离"弱"的程度,因此对弱电解质溶液中离子浓度大小比较不易掌握。本项目以"如何解释生活中常见紫甘蓝的提取液中,滴加盐酸,溶液变为红色,再向呈红色的溶液中滴加 NaOH 溶液,溶液又呈绿色"的驱动性问题作为项目载体,设置不同的驱动性问题,学生分组,通过设计实验,利用数字化传感器电导率仪和 pH 传感器进行化学实验,最后每个小组通过 PPT 展示小组的实验成果。通过项目化学习,掌握弱电解质的电离平衡及不同因素对弱电解质电离平衡的影响,并能熟练分析弱电解质溶液中各离子浓度的大小。

一、项目设计

"醋酸电离平衡的理论分析和实验验证"项目化学习,让学生从定性和定量两个角度分别理解弱电解质电离平衡中"弱"的含义。定性分析只能让学生知道弱电解质电离平衡移动方向,而利用平衡常数 K 值计算出电离度数值的变化和各离子浓度的具体数值大小的变化,可以让学生从定量的角度了解弱电解质电离平衡中"弱"的含义,并且知道外界因素对弱电解质电离平衡的移动方向和大小的影响。本项目中采用控制变量法设计了不同的实验,分别探究不同影响因素对弱电解质电离平衡的影响。学生以项目化活动的形式,通过分组,每组学生进行理论探究、实验方案设计、动手实验、数据处理、展示交流。在项目实施过程中,学生利用电离平衡常数及电荷守恒从理论上计算出 pH 值,再利用数字化仪器——pH 传感器和电导率仪进行实验验证。从定量的角度,通过理论计算和实验验证分别得出弱电解质溶液中各离子浓度的大小,从而更深刻地理解弱电解质电离平衡中"弱"的含义。最后总结出弱电解质溶液中各离子浓度的大小顺序,并进一步拓展到一元弱酸和其对应的弱酸盐混合溶液中各离子浓度的大小顺序,从而突破弱电解质电离平衡和溶液中离子浓度大小知识中的重点和难点。

1. 活动目标

由"紫甘蓝的提取液遇酸碱变色"的驱动性问题引入,让学生知道弱电解质存在电离平衡,外界因素温度、浓度、同离子效应和化学反应等因素对弱电解质电离平衡的存在影响。掌握外界因素如何影响弱电解质电离平衡移动的方向,并且引导学生利用平衡常数 K 值,计算出不同外界因素影响下的弱电解质电离度的变化,进而理解外界因素影响电离平衡移动的程度。通过定性分析外界因素对弱电解质电离平衡移动方向的分析,让学生掌握如何分析弱电解质溶液中各离子浓度的相对大小。再引导学生利用电离平衡常数 K 定量计算室温外界因素影响下的溶液中各离子浓度的具体数值,并利用数字化仪器——pH 传感器和电导率仪进行实验,验证理论计算的数值是否正确。通过弱电解质电离平衡移动前后电离度数值的变化和各离子浓度的具体数值大小的变化,让学生从定量的角度了解外界因素对弱电解质电离平衡的移动方向和大小的影响。

2. 核心知识

1)主要知识

(1)运用勒夏特列原理定性分析弱电解质的电离平衡。

(2)运用电离平衡常数 K 和电荷守恒从理论上定量分析醋酸的电离平衡。

(3)运用数字化实验定量研究外因对醋酸电离平衡的影响。

2)学科关键概念或能力

(1)树立微粒观和化学平衡思想,培养"证据推理与模型认知"的学科核心素养。

(2)培养实验设计、观察、证据推理能力,培养科学探究与创新意识的学科核心素养。

3)重难点

重点:从定量角度认识弱电解质电离平衡及外界条件改变后平衡的移动。

难点:外界条件改变后弱电解质电离平衡的移动分析及 pH 值变化。

3. 高阶认知

主要的高阶认知策略:问题解决、系统分析、决策、实验等。

4. 驱动性问题

本质问题:外界影响因素如何影响弱电解质的电离平衡移动? 如何比较弱电解质溶液中各离子浓度的大小?

驱动性问题:如何利用弱电解质平衡移动理论解释生活中常见的紫甘蓝提取液中,滴加盐酸,溶液变为红色,再向呈红色的溶液中滴加 NaOH 溶液,溶液又呈绿色?

5. 项目成果

1）个人成果

设计某一个影响因素对弱电解质电离平衡的影响的实验方案。

2）团队成果

6～8人一组，团队合作，设计某一个影响因素对弱电解质电离平衡的影响的实验方案，并动手实验，进行数据处理，结果分析，制作展示交流PPT，并填写自评与互评量表。

6. 项目流程及课时安排

1）流程图

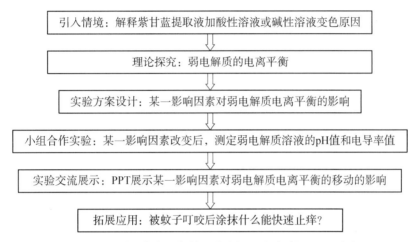

图3-1　"醋酸电离平衡的理论分析和实验验证"项目流程

2）课 时 安 排

表3-1　"醋酸电离平衡的理论分析和实验验证"项目课时安排

课时	活动内容	设计意图	评价方法
第1课时	弱电解质的电离平衡的知识、平衡特征，外界条件对电离平衡的影响	为项目的开展铺垫基础知识。了解电离平衡的概念、特征，外界条件对电离平衡的影响	习题反馈
第2课时	电解质电离度概念，电离平衡常数概念以及利用电离平衡常数计算一元弱电解质离子浓度	为理论计算出氢离子浓度大小铺垫基础知识。了解电离平衡常数、电离度、电荷守恒的含义	习题反馈
第3课时	学生分组认领"微项目课题"，完成该微项目的理论pH值计算，并完成实验方案设计	小组认领微项目后，从理论上计算出0.1 mol/L醋酸和外界因素改变后的pH值。列出所需要的实验仪器、药品，写出详细的实验步骤，完成实验方案设计	过程性评价：① 小组实验方案

（续表）

课时	活动内容	设计意图	评价方法
第4课时	利用数字化传感器电导率仪和pH传感器进行化学实验	利用pH传感器和电导率仪验证理论计算的结果与实验测定的结果是否相符合	过程性评价： ① 学生小组实验情况 ② 实验报告
第5课时	小组利用PPT展示小组的课题研究成果，本节课为该项目式课程的第5课时	学生展示自己小组领取的"微项目课题"，阐述外界条件改变对弱电解质电离平衡移动方向的影响。通过理论分析和实验验证，落实化学学科"证据推理和模型认知"的学科素养	终结性评价： ① 学生展示交流：自评、互评 ② 教师评价

二、项目实施过程

本项目化学习分为5个课时，分别为入项活动、建构知识能力、实验设计、实验探究、展示拓展。利用电离平衡常数及电荷守恒从理论上计算pH值，再利用数字化仪器——pH传感器和电导率仪进行实验验证。从定量的角度，通过理论计算和实验验证更深刻地理解外界因素对弱电解质电离平衡移动方向和大小的影响，培养学生的定量观。在实验论证中，学生学会利用数字化仪器测量，计算、分析、归纳得出结论，体验科学探究的基本流程。在知识的建构过程中培养学生的科学素养，让学生体验化学数据之美，感受科学探究之美。

1. 入项活动：启动项目任务，建构知识能力

[环节一]启动项目任务：引入学习项目，明确项目驱动性问题和研究任务。

[环节二]理论学习：弱电解质的电离平衡的知识、平衡特征，外界条件对电离平衡的影响因素。

[环节三]知识应用：除水壶里的水垢用等浓度的盐酸好还是醋酸好？

2. 入项活动：知识延伸，建构知识能力

[环节一]理论学习：电解质电离度概念及常温下某一浓度弱电解质溶液电离度计算。

[环节二]理论学习：电离平衡常数概念以及利用电离平衡常数计算一元弱电解质离子浓度。

[环节三]分组认领微项目：6～8人一组，分组认领"微项目课题"，分别是温度、浓度、同离子效应和化学反应等因素对弱电解质电离平衡的影响。

3. 实验方案设计：设计、交流完善实验方案

[环节一]设计实验方案：从理论上计算出0.1 mol/L醋酸和外界因素改变后的pH值。列出所需要的实验仪器、药品，写出详细的实验步骤，完成实验方案设计。

[环节二]修订完善实验方案:通过与老师交流,修改完善实验方案。

[环节三]撰写实验方案:分别从实验题目、实验原理、实验药品、实验仪器及规格、实验步骤和预期实验结果等方面撰写实验方案。

图3-2 "醋酸电离平衡的理论分析和实验验证"学生撰写的实验方案

4. 学生实验:实验探索实践,形成项目成果

[环节一]合作实验探究:小组分工,动手实验,利用数字化传感器电导率仪和pH传感器进行弱电解质溶液改变外因前后的pH值和电导率的测定。

图3-3 学生在数字化实验室做实验醋酸电离平衡实验

[环节二]记录实验数据:记录相关pH值和电导率值,并进行数据的初步整理,删除坏点或根据实验数据进行补充实验。

[环节三]形成成果:分析实验现象,处理实验数据,撰写实验报告。

图 3-4　学生在数字化实验室讨论并撰写醋酸电离平衡研究实验报告

5. 展示交流:PPT 交流展示互评,拓展研究反思

[环节一]学生实验成果交流展示:以小组为单位,分享交流实验过程、结果分析及反思。

[环节二]评价与讨论:小组互相提问,提出展示小组实验中存在的问题。

[环节三]拓展提升:被蚊子叮咬后之所以皮肤红肿、瘙痒是因为蚊子向人体内注射了甲酸,要快速止痒你觉得应该涂抹什么呢?($HCOOH:K_a=1.7\times10^{-4}$;$H_2CO_3:K_{a1}=4.3\times10^{-7}$)

A.NaCl　　　　　　B.食醋　　　　　　C.小苏打

[环节四]项目总结:师生互评,总结本次项目化学习中遇到的问题及体会。

三、项目成果展示与评价

1. 项目评价

本项目过程性评价包括学生制订计划、实验活动、成果展示、汇报交流、能力评价等五个方面,每个方面包括两个指标,具体内容详见表 3-2。制订计划包括组员安排和时间安排,实验活动包括参与度和团队合作,成果展示包括内容和结构,汇报交流包括汇报和交流,能力评价包括创造力和批判性思维能力。项目活动过程中,每个小组进行小组自我评价和教师对每个小组的评价。

表 3-2　"醋酸电离平衡的理论分析和实验验证"项目化学习过程性评价量表

小组自评人姓名:＿＿＿＿＿＿＿

项目环节	评价指标	质量水平			评分	
		一般	合格	优秀	小组自评	师评
制订计划	组员安排	组员安排不合理,组长不能有效组织	组员安排基本合理,部分组员配合良好	结合组员特长,组长有效组织		
	时间安排	没有系统合理的时间安排	时间安排基本合理,能按时完成项目学习	时间安排恰当合理,能预留时间解决突发问题		

（续表）

项目环节	评价指标	质量水平			评分	
		一般	合格	优秀	小组自评	师评
实验活动	参与度	小组成员积极性不高,不能主动参与学习,不能按时完成自己的任务	小组成员的积极性一般,能够在组长的带领下参与项目,基本能够按时完成自己的任务	小组成员的积极性高涨,能够主动参与项目,并能够高效的完成自己的任务		
	团队合作	成员之间彼此不愿意相互合作,互相推脱,不能够相互交流	成员之间彼此合作,愿意交流观点	成员之间彼此合作,经常交流自己的观点,不断改进活动方案,愿意帮助他人,分担任务		
成果展示	内容	只是资料的堆砌,没有自己的观点	资料关联度较高,有部分自己的观点	呈现自己的观点,并能够准确阐述自己的观点		
	结构	结构不清晰,逻辑混乱,图表文不符	结构基本符合逻辑,有简单的设计,图文表能够对应	结构清晰明了,设计美观大方,图文表呼应		
汇报交流	汇报	表达口语化,不专业,逻辑结构不清晰,没有理论支撑,缺乏号召力	语言基本流畅,逻辑结构基本清晰,有部分理论支撑及号召力	语言表达清晰流畅,逻辑结构完整清楚,有理论支撑,富有号召力		
	交流	回答问题缺乏思考,不能准确回答师生提出的问题	思路基本清晰,能部分回答师生提出的问题	回答问题思路清晰,能有理有据地回答师生问题		
能力评价	创造力	模仿他人,没有自己的创造	能够在模仿的基础上,有自己的创造	能够将不同的资料整合,加入自己的想法,形成新的创意		
	批判性思维能力	没有自己的观点和想法	对不同的观点有自己的看法,但没有自己的观点	能够对不同的观点有自己的看法和有根据的批判,并且有自己鲜明的观点		

注:项目化学习过程的分数设计是每个评价指标10分,共100分。给分标准:一般是5~6分,合格是7~8分,优秀是9~10分。最后每个小组总分的计算公式为:小组总分＝小组自评总分×50%＋师评总分×50%。

　　项目活动结束后,教师可以为每个小组绘制如图3-5所示的项目化学习过程评价结果的雷达图,让教师更好地掌握学生在学习过程中的表现,了解学生存在的不足,优化教师的教学。通过更有针对性的教学,提高学生的学习效率与积极性。

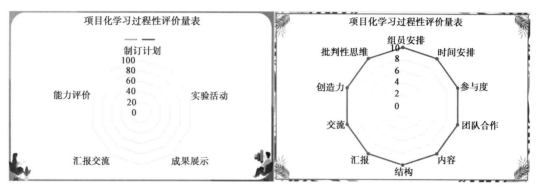

图 3-5 "醋酸电离平衡的理论分析和实验验证"项目化学习过程评价

2. 学生作品

1）学生成果展示及教师点评

学生以醋酸为例,利用电离平衡常数 K 从理论上计算了外界因素对醋酸电离平衡的影响,并且利用 pH 传感器和电导率仪进行定量测定,把理论计算数值和实验数值相比较,从定量的角度理解弱电解质电离平衡移动的方向和大小。

第一组:成果名称——"利用电离平衡常数 K 理论计算 0.1 mol/L 不同弱酸的电离度"。

2.计算结果

T=25℃，浓度为0.1 mol·L^{-1}

弱酸	K_1(25℃)	浓度/(mol/L)	C (H$^+$)	pH	电离度
亚硫酸	1.29E-02	1.E-01	3.00E-02	1.52	30.041%
磷酸	6.90E-03	1.E-01	2.30E-02	1.64	23.043%
氢氟酸	6.80E-04	1.E-01	7.91E-03	2.10	7.913%
醋酸	1.75E-05	1.E-01	1.31E-03	2.88	1.314%
碳酸	4.20E-07	1.E-01	2.05E-04	3.69	0.205%
氢硫酸	8.90E-08	1.E-01	9.43E-05	4.03	0.094%
次氯酸	4.00E-08	1.E-01	6.32E-05	4.20	0.063%
氢氰酸	4.90E-10	1.E-01	7.00E-06	5.15	0.007%

3.结论

1、弱酸的酸性强弱是由物质本身的性质决定。

2、弱酸的电离平衡常数越大，电离产生 H$^+$ 离子的能力越强，即酸性越强。

图 3-6 利用电离平衡常数 K 理论计算 0.1 mol/L 不同弱酸的电离度

教师点评:该小组利用25℃醋酸的电离平衡常数K,从理论上详细介绍了如何计算出 0.1 mol/L 醋酸溶液中醋酸电离度的大小以及溶液中各离子浓度的数值大小。让其他学生了解 0.1 mol/L 醋酸溶液的电离度只有 1.314%,明白弱电解质的电离是"微弱的"。而且该小组还计算了高中阶段化学课本中遇到的其他 0.1 mol/L 弱酸在 25℃ 下的电离度大小,从而让其他学生从定量的角度上了解弱电解质电离平衡"弱"的含义。

第二组:成果名称——"利用数字化仪器 pH 传感器和电导率仪实验验证升温可以促进醋酸电离"。

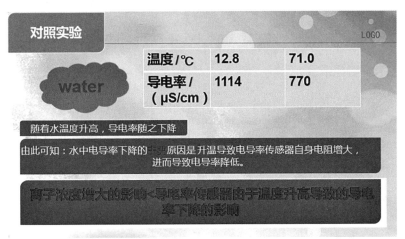

实验数据 ——— 思考:为什么pH下降,导电率也下降呢?

温度/℃	13.70	22.61	27.30	28.00	29.12	30.33
导电率/(μS/cm)	1281	1254	1250	1242	1230	1226
pH值	3.08	3.00	2.90	2.87	2.86	2.78

1、随着温度温度的升高,pH值减小,表明电离出来的C(H⁺)增多,电离度增大,说明升高温度促进电离。

对照实验

温度/℃	12.8	71.0
导电率/(μS/cm)	1114	770

随着水温度升高,导电率随之下降

由此可知:水中电导率下降的主要原因是升温导致电导率传感器自身电阻增大,进而导致电导率降低。

离子浓度增大的影响<导电率传感器由于温度升高导致的导电率下降的影响

图 3-7　利用数字化仪器 pH 传感器和电导率仪探究温度对醋酸电离的影响

教师点评:该小组利用 pH 传感器,利用水浴加热的方式测出不同温度下 50 mL 0.1 mol/L 醋酸溶液的 pH 值,通过不同温度下 pH 值的变化得出升温可以促进醋酸的电离。该小组还利用电导率仪测试了不同温度下 50 mL 0.1 mol/L 醋酸溶液的电导率数值,但是该小组的学生惊奇地发现电导率的数值没有和理论计算的预期相符合,实验结果是电导率数值随着溶液温度的升高而降低。该小组的学生通过与教师交流,上网查资料发现电导率传感器的测试部分是金属的,而金属的电阻会随着溶液的温度升高而增大,进而对电导率数值的测定产生影响。通过空白实验验证,学生分别测试了不同温度下纯水的电导率数值,发现随着温度的升高,电导率数值会降低。因此得出虽然升温会促进醋酸的电离,使电导率数值增大,但升温也会增大电导率金属传感器的电阻,在双重因素的影响下,温度对电导率传感器的电阻影响更大,最后使得醋酸溶液电导率的数值随着温度的升高而降低。该小组的实验成果表明电导率仪不能用来探究温度变化对弱电解质电离平衡的影响。

第三组:成果名称——"利用 pH 传感器定量验证稀释是否可以促进醋酸的电离"。

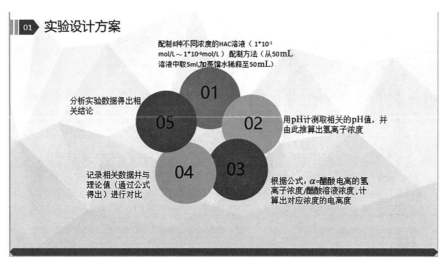

浓度/(mol/L)	实验pH值	实验$c(H^+)$/(mol/L)	实验电离度α	理论$c(H^+)$/(mol/L)	理论电离度α
1×10^{-1}	3.05	$10^{-3.05}$	1.1%	1.3×10^{-3}	1.3%
1×10^{-2}	3.40	$10^{-3.4}$	2.5%	4×10^{-4}	4%
1×10^{-3}	3.60	$10^{-3.6}$	10%	1.2×10^{-4}	12%
1×10^{-4}	4.40	$10^{-4.4}$	39.8%	3.4×10^{-5}	34%
1×10^{-5}	5.30	$10^{-5.3}$	50.1%	7.1×10^{-6}	71%
1×10^{-6}	6.15	$10^{-6.15}$	70.8%	9.5×10^{-7}	95%

图 3-8　利用 pH 传感器定量验证稀释是否可以促进醋酸的电离

教师点评:该小组利用电离平衡常数 K 从理论计算出了 25℃下醋酸浓度为 1×10^{-1} mol/L、1×10^{-2} mol/L、1×10^{-3} mol/L、1×10^{-4} mol/L、1×10^{-5} mol/L、$1\times$

10^{-6} mol/L 时的理论 $c(H^+)$ 和理论电离度 α。再通过实验配制了不同浓度的醋酸溶液,利用 pH 传感器分别测试了对应浓度的 pH 值。该组学生发现,无论是理论计算还是实验数据都表明,随着醋酸浓度的降低,醋酸的电离度不断增大。该组学生还从实验上验证了利用电离平衡常数理论计算溶液 pH 值和电离度的合理性。让其他小组了解室温条件下 0.1 mol/L 醋酸的实验电离度只有 1.1%,弱电解质的电离是"微弱的",即使稀释 10 倍,实验电离度也只提高到了 2.5%。让学生意识到稀释可以促进醋酸的电离,但稀释 10 倍,电离度只提高了约 2.3 倍,因此稀释后醋酸溶液中的 $n(HAc)$ 减小,$n_{(H^+)}$、$n_{(Ac^-)}$ 增大。但 $c_{(HAc)}$、$c_{(H^+)}$、$c_{(Ac^-)}$ 都减小了,而 $c_{(OH^-)}$ 增大。学生通过定量计算,让数据说话,让其他学生更加深刻地了解稀释对溶液体积的影响大于对电离平衡移动的影响,解释了为什么稀释促进了醋酸电离,反而 $c_{(H^+)}$、$c_{(Ac^-)}$ 都减小了。

第四组:成果名称——"利用 pH 传感器定量验证加入醋酸钠固体可以抑制醋酸的电离"。

图 3-9　利用 pH 传感器定量验证加入醋酸钠固体可以抑制醋酸的电离

教师点评:该小组向 $50\,mL$ $0.1\,mol/L$ 醋酸溶液中加入 $0.410g$ 醋酸钠固体后,溶液变为 $0.1\,mol/L$ 醋酸和 $0.1\,mol/L$ 醋酸钠混合溶液。该小组利用电离平衡常数 K,从理论上计算出 $25℃$ 下 $0.1\,mol/L$ 醋酸溶液的 pH 值为 2.88,并且理论计算出 $0.1\,mol/L$ 醋酸和 $0.1\,mol/L$ 醋酸钠混合溶液的 pH 值为 4.76,理论计算表明加入醋酸钠固体可以抑制醋酸的电离。该小组学生利用 pH 传感器测定了 $25℃$ 时 $0.1\,mol/L$ 醋酸溶液的实验 pH 值 3.01,$0.1\,mol/L$ 醋酸和 $0.1\,mol/L$ 醋酸钠混合溶液的 pH 值 4.64。在实验上也验证了加入醋酸钠固体可以抑制醋酸的电离,即同离子效应会抑制弱电解质的电离。同时也表明理论计算数值和实验数值基本一致。同时理论计算表明,$25℃$ 时 $0.1\,mol/L$ 醋酸溶液的电离度为 1.314%,加入醋酸钠固体后的 $0.1\,mol/L$ 醋酸和 $0.1\,mol/L$ 醋酸钠混合溶液中醋酸的电离度为 0.0175%。因此利用电离平衡常数 K 的理论计算可以更好地让学生了解弱电解质电离平衡的移动方向和大小。

2)学生体会

在本项目学习过程中,学生兴趣浓厚,收获颇多。以下为两位学生的感言摘录。

戴同学:"这种项目化合作学习方式提高了我与小组同学的交流能力和表达能力。通过小组合作,我们一起讨论、质疑,在这种思维碰撞的过程中,对已经学习过的化学知识有了更深刻的理解。在讨论的思维碰撞中,加强了我们的批判性思维,敢于质疑,敢于挑战。"

阿同学:"在项目化小组合作学习中,我体会到作为组长的核心作用,如何安排每位同学担任适合自己的角色,如何合作解决问题,从而提高了我的合作以及协调能力。"

四、项目实施反思

1. 项目实施效果

本项目按照设计的 5 个课时顺利完成,实施效果较为理想。相对于传统"老师讲,学生听"的教学模式,项目化教学提高了学生的实验动手能力、自主探究能力、观察评价能力和展示交流能力。

学生 6~8 人一组,团队合作,设计实验方案,并动手实验。创新性地利用数字化仪器 pH 传感器和电导率仪测定某一因素影响前后的 pH 值和电导率值,在实验研究中提高学生的实验能力。学生自主选择实验方法,自主设计实验方案,充分利用教师提供的实验试剂和数字化仪器进行合作实验研究,提升了学生的自主探究能力。通过自评和互评环节,学生在完成评价量表的过程中提高了观察、评价能力。小组代表分享实验研究中的数据和结果,经验与不足。反思实验过程中遇到的问题和解决措施,并对实验方案的改进进行交流,让每个分享者既展示了自己小组的成果,也在其他小组和教师的提问中进一步认识到自己实验中的不足和进一步优化的方向,同时锻炼了分享者的表达能力和交流能力。学生通过项目化学习,开展实验方案设计及分组实验,观察实验现象,记录实验数据并处理成图表,最后展示交流。在学习的过程中,发展了学生"宏观辨识与微观探析""变化观念与平衡思想""证据推理与模型认知"等化学学科核心素养。

2. 项目化学习的设计及实施反思

将核心知识项目化,其实施过程中的项目化设计、学习实践及评价都值得深入研究。

1)核心知识的选择:什么样的核心知识适合进行项目化学习

高中化学知识模块大致有以下几个:物质结构、元素化合物、定量实验、化学平衡、能量、有机化学等。如何从这些知识点中选择合适的内容转化为驱动性问题以及不同的驱动性子问题,并让学生以小组的形成探究不同的驱动性子问题,是值得一线教师去探索和研究的问题。

在"醋酸电离平衡的理论分析和实验验证"项目化学习中,为了完成"如何解释生活中常见的紫甘蓝提取液中,滴加盐酸,溶液变为红色,再往呈红色的溶液中滴加 NaOH 溶液,溶液又呈绿色"的驱动性任务,学生自主研究,并分工查阅资料、设计实验方案、进行实验研究、撰写实验报告、分享研究成果。"弱电解质的电离平衡"涉及弱电解质的强弱以及弱电解质溶液中各离子浓度大小的比较。在通常的教学中,教师都是以"教师教,学生学"的模式,从定性的角度进行教学。而弱电解质的电离"弱"到什么程度——有多少弱电解质发生了电离,学生并不清楚,所以在比较溶液中各离子浓度的大小时,更易出错、混淆。因此溶液中各离子浓度的大小比较一直是教师高中教学中比较难讲解、知识点难突破的内容。同时,浓度、温度、同离子效应、发生化学反应等外在因素均可影响弱电解质的电离平衡,可以将不同的影响因素设计成不同的驱动性子问题,让学生以小组的形式进行实验探究。

2)驱动性问题的设计:用什么样的问题驱动学生主动投入思考

驱动性问题需要既基于学科,又来源于生活,还要通过学习学科知识后能解决驱动性问题。这就要求教师多观察生活、多阅读资料、多查找文献,能从复杂的生活问题、科学研究中抽出基于本节学科知识内容,又具有探究价值,而且是高中生通过学习能解决的问题。

涉及实验的学科知识就是一个比较容易转化为驱动性问题的知识。由于化学实验可以从仪器、药品、装置、反应条件等不同方面进行探究,因此容易设计成不同的驱动性子问题,让学生以小组的形式进行探究。在实验探究的过程中培养学生实验方案设计、动手操作、观察实验现象、分析实验数据等能力,提升学生的"实验探究与创新意识"的学科素养。

在"醋酸电离平衡的理论分析和实验验证"项目化学习中,由于学生需要掌握弱电解质电离平衡的知识,因此需要从生活中挖掘出哪些生活中的问题涉及弱电解质的电离平衡,又是高中生通过学习能够解决的问题。最后教师设计了驱动性问题:"如何解释生活中常见的紫甘蓝提取液中,滴加盐酸,溶液变为红色,再往呈红色的溶液中滴加 $NaOH$ 溶液,溶液又呈绿色"。同时由于浓度、温度、同离子效应、发生化学反应等外在因素对弱电解质的电离平衡的影响,又可以将这些不同的影响因素设计成不同的驱动性子问题,让学生以小组的形成进行探究,每个小组有不同的探究内容,需要设计不同的实验方案,学生在差异内容前不得不设计出自己小组独有的实验方案。

3)公开成果的设计:如何更清晰、简明地展示小组成果,讲给其他学生听

学生的成果可以是一份调查报告、一份实验报告、一个产品设计、一个实物等。学生需要将这些成果写清楚并简单明了地展示给他人。这就需要学生清楚为掌握不同类型成果所需要展示或书写的内容。比如一份实验报告,要具有实验题目、实验原理、实验药品和器材、实验步骤、实验数据、数据分析、实验反思等。而利用 PPT 展示小组成果的时候需要涉及实验题目和小组成员、目录、实验设计方案、所需要的实验仪器和药品、实验数据记录、实验结果及讨论和实验反思等。在制作展示 PPT 的时候需要将一系列的数据处理成更直观、易理解的表或图,同时还要根据图和表中的数据趋势得出实验结论,PPT 中字体、颜色、背景的设计都是需要斟酌的。而且在展示过程中,学生的语速、仪态、如何合理有逻辑地安排内容展示的顺序都是需要思考的问题。公开成果的展示,可以提高学生的思辨能力、PPT 制作能力以及沟通交流能力。

在"醋酸电离平衡的理论分析和实验验证"项目化学习中,每个小组都需要撰写实验报告,同时将实验报告制作成展示交流的 PPT,与其他学生进行分享。因此在 PPT 的制作过程中,教师给出了学生展示 PPT 制作模块需要划分的模板:实验题目和小组成员、目录、实验设计方案、所需要的实验仪器和药品、实验数据记录、实验结果及讨论和实验反思等。教师还在学生 PPT 制作过程中给予了一些必要培训,比如字体、字号、字体颜色、背景颜色、图片处理、动画处理等。教给学生如何将得到的一系列数据制作成三线表、折线图、柱状图等,如何通过数据的趋势变化得到研究结论。

而且有的小组在实验中得到了与理论不同的结论,比如有一个小组的实验结果显示升高温度弱电解质溶液的电导率下降,这与理论相反。因此需要教师与学生再重新实验,检查是否有操作失误,确定没有操作失误后,又重新设计了对比空白实验排除一些因素的干扰,最后通过实验数据和查阅资料,很好地对这一现象进行解释。也让学生把这一异常现象分享给其他同学,让其他同学进行探究,给出他们的理解,让学生在质疑和思辨中进一步深化对知识的理解。

PPT 制作完成后,学生需要在黑板前讲给其他同学听,这对某些学生来说是一件压力很大的事,因此在紧张的状态下,如何清晰、简明地把本小组的研究展示给其他同学需要教师的指导以及学生的练习。在讲解与分享的过程中,学生可以学习到语言的技巧、克服紧张情绪,提高自信感,促进学生个人素养的提升。

学生小组分享不同的研究成果,互相评价各小组的实验结论,让所有学生都可以在

分享和交流的过程中,掌握不同影响因素对弱电解质电离平衡的影响。因此,分享交流相当于让学生变身成教师,教师变成观察者。学生在项目化学习的过程中变成了主动设计者、参与者和展示者,由被动"听"变成了主动"做"和主动"讲",在这个过程中提高化学学科的核心素养,同是提高学生自身的整体素养。

项目化学习是一个基于真实情境问题解决的学习过程,学生是这个学习活动的主体,教师是活动的引导者。学生运用已有知识经验,开展未知知识的学习,通过自主、合作、探究来解决驱动性问题。教师作为引导者,要鼓励学生,让学生带着驱动性问题主动学习、实践,在项目化学习中充分动手动脑、思考探究、合作创新,在解决真实情境的问题中更好地提升学生的学科核心素养。

【专家点评】

这是一个比较好的项目活动选题,整个项目活动的设计、实施、评价等要素齐全,学生活动非常充分。从学生学习的难点展开,通过项目活动开展探究活动,在自己实验的基础上完成对重点知识的学习,对难点的突破。重视评价活动的设计,特别是利用评价量表开展自评和互评,提高了评价的针对性和实效性。活动以学生熟悉的真实问题驱动,通过设计几个子项目任务,由学生小组合作完成项目活动,在项目活动中完成知识的学习、能力的提升和素养的培育。

（唐增富：华东师范大学附属东昌中学,特级教师、正高级教师）

第二节 "常用补铁剂,你补对了吗?"项目化学习教学案例

项目单位及负责人:上海市奉贤区曙光中学 姚雪

项目名称:常用补铁剂,你补对了吗? 项目时长:3 课时

教材版本:沪科版高中化学 年级:高二年级

《普通高中化学课程标准(2017 年版 2020 年修订)》的基本理念中提到以发展化学学科核心素养为主旨,重视开展"素养为本"的教学。项目化学习是通过项目化活动,小组合作完成一项真实、需要深度思考的驱动性任务,并取得最终成果的一种学习方式。项目化学习的开展可以引导学生在问题驱动下,积极思维,交流合作,主动探究,充分激发学生的潜能。虽然课堂时间有限,但是可以尝试选择合适的内容进行项目化研究,项目化学习注重对于学生高阶思维的培养和建立,让学生不仅能提高学科核心素养水平,更能在核心知识和核心素养的融合中解决生活中的实际问题。

一、项目简介

铁是人体必需的微量元素之一,正常成人体内含铁 4.2~6.1g,铁是血红蛋白合成中不可缺少的元素。缺铁性贫血(IDA)是体内长期铁负平衡的最终结果,缺铁性贫血是世界上最常见的贫血。对于轻度贫血,有些食补即可,但如果是相对严重一点的贫血症状,就需要服用补铁剂。市场上常见的补铁剂在服用时是否有需要注意的地方,其中包含了很多化学知识。

1. 教材分析

本项目的开展是基于高二第一学期第八章第一节"应用广泛的金属材料——钢铁"中的"铁和铁合金"及高三拓展型课程第六章第二节"一些金属化合物"中的"铁盐与亚铁盐"。《上海市高中化学学科教学基本要求》中对于铁盐和亚铁盐学习的具体要求包括:理解+3 价铁盐的氧化性,能够书写 Fe^{3+} 与常见还原剂的反应;理解+2 价铁盐的还原性,解释+2 价铁盐溶液的保存方式,能够书写 Fe^{2+} 与常见氧化剂的反应。本项目是在学生学习、认识了铁盐和亚铁盐性质的基础上,对于生活中"常用补铁剂,你补对了吗?"这一驱动性问题,展开互助合作的学习,在探究的过程中体会化学研究的科学方法,学习用调查、观察、实验等手段获取信息并运用比较、归纳、概括等方法进一步解决

生活中遇到的问题。

2. 学情分析

本项目开展的对象是高二年级的学生,学生前期对于铁及其化合物的性质已有了基本的认识,其中包括了＋3价铁盐的氧化性及其与常见还原剂的反应,＋2价铁盐的还原性、＋2价铁盐溶液的保存方式及其与常见氧化剂的反应等。铁盐的氧化性、亚铁盐的还原性及两者之间的相互转化,对于学生来说其实是一个比较难的知识点,其中关键的内容是氧化还原反应原理。氧化还原反应原理是高中化学基本理论概念的重要组成部分,其对于元素化合物及电化学的学习有着至关重要的作用。高二等级班的学生对于氧化还原反应原理还缺乏深入的认识,所以通过本项目的学习,旨在让学生通过自主学习、探究的过程,能更深入理解铁盐和亚铁盐之间的转化,同时又能感悟化学学习对于我们日常生活的重要作用,利用化学知识解决日常生活中的问题,提高学习化学的兴趣。

3. 课时安排

表3-3 "常用补铁剂,你补对了吗?"项目课时安排和核心素养落实

课时	主要内容	学生活动	核心素养体现
第一课时	自主学习: ① 教师提出项目、学生组建团队,完成项目有关资料的查阅工作及市场调研工作 ② 复习归纳铁及化合物的相关性质	① 学生确定小组组员及组长 ② 完成调查报告 ③ 完成铁及其化合物互相转变的价类二维图	通过组建团队、查阅资料完成调查报告,能让学生参与一些与化学问题有关的社会实践活动,培养关注社会的责任感 通过完成铁及其化合物转变的价类二维图,提升模型认知能力
第二课时	合作交流、实验探究: ① 设计、完善实验方案 ② 教师指导学生进行实验研究	① 实验方案设计及相关反应方程式整理 ② 教师指导学生完成实验,形成实验报告	设计完善实验方案并进行科学实践,在实践中经历挫折和困难,从而进一步体会科学探究精神,提升创新意识
第三课时	汇报评价: 学生成果汇报,小组互评并提出改进意见	以PPT的形式进行实验报告交流、互评,教师指导,改进完善	通过小组发言交流可增强团队合作意识,小组之间互评并提出改进意见则可以让学生感受严谨求实的科学态度

二、项目设计

1. 核心知识

(1) 理解＋2价铁盐的还原性和＋3价铁盐的氧化性。

(2) 通过绘制铁及其化合物互相转变的价类二维图,提高总结归纳能力,掌握学习元素化合物知识的一般方法。

（3）根据铁的性质,设计相关实验探究补铁剂的有效吸收,提高实验设计能力及操作能力。

2. 核心素养

（1）通过绘制铁及其化合物互相转变的价类二维图,建立认知模型,并能运用模型解释化学现象。

（2）通过设计、完善实验方案并进行实验探究,提升科学探究与创新意识,感受严谨求实的科学态度。

3. 高阶认知策略

主要的高阶认知策略包括:问题解决、系统分析（Fe^{2+} 和 Fe^{3+} 的相互转化）、实验（Fe^{2+} 的还原性和 Fe^{3+} 的氧化性相关实验）、调研（调查市场上主要的补铁剂）等。

4. 驱动性问题

我国贫血症患病比例约为 20.1%,其中有一半是缺铁导致,这类人群需要补铁。然而在服用补铁剂的时候,应该注意哪些问题,哪些食物有利于补铁剂的吸收,哪些食物会抑制补铁剂的吸收,到底怎样的补铁才是有效的? 这是本项目需要学生解决的问题,即"常用补铁剂,你补对了吗?"。

5. 项目成果

1）个人成果

观察实验,记录实验现象并提出自己的修改意见;制作汇报 PPT。

2）团队成果

4～6 人一组查找资料,形成简单的调研报告;设计制订并完善实验方案;动手实验并完成实验报告;填写项目评价表。

三、项目实施

本项目分为三个课时,分别为入项活动（相关资料查阅、原理学习）、实验研究（实验方案设计交流及实验实施）以及成果展示和评价。本项目主要通过小组合作,以实验为载体,在相关资料查阅整理和原理学习的基础上,进一步设计、完善实验方案,通过实验探究,对于常用补铁剂有进一步的认识。项目化学习的方式能够充分凸显学生的主体地位,激发学生的探究潜能,通过解决身边的问题也更好地提高学生学习的积极性,培养学生的创新精神和动手能力。

1. 入项活动:启动项目任务,构建核心知识

1）真实情境导入,激发学习兴趣

以家中定期清理家庭药箱,发现一盒即将过期的琥珀酸亚铁缓释片,这是之前体检的时候因为贫血去医院配制的补铁剂,从而导入本项目的学习。贫血是大家比较熟悉的一种病症,贫血的原因多种多样,但缺铁性贫血是较常见的一种贫血病症,如果食补效果不明显就需要服用补铁剂。服用补铁剂时,如何促进铁的有效吸收,在药物的说明书中会有相关介绍,医生也会有相应提醒。那么这些注意事项是否可以用我们所学的化学知识进行分析,从而对学习铁的相关知识有更为深入的了解和认识呢? 以生活中的常见事例作为引入,更能有效激发学生学习的兴趣。

2)调研查阅资料,体验小组合作

在项目化学习中,通过驱动性问题的提出,学生围绕具体的学习项目,选择学习资源,通过小组合作的形式开展活动。本项目化学习需要对贫血(主要是缺铁性贫血)及常见的补铁剂进行有关资料的查阅工作及市场调研工作。学生完成的调查报告如图3-10所示。

调查报告

一、什么是缺铁性贫血

　　铁是血红蛋白合成中不可缺少的元素。正常成人体内含铁 3~4.5 g。缺铁性贫血(IDA)是体内长期铁负平衡的最终结果,是由于体内储存铁(包括骨髓、肝、脾及其他组织内)消耗殆尽,不能满足正常红细胞生成的需要而发生的贫血,属小细胞低色素性贫血。缺铁性贫血是世界上最常见的贫血,也是老年性贫血中最常见的类型之一,可占贫血中的 20%~50%。

二、治疗缺铁性贫血的常见药物

　　硫酸亚铁、富马酸亚铁(反丁烯二酸亚铁)、琥珀酸亚铁、枸橼酸铁铵、缓释铁等。

三、服用补铁剂的注意事项

　　以硫酸亚铁、富马酸亚铁(反丁烯二酸亚铁)、琥珀酸亚铁(含铁 Fe^{2-} 34%~36%的无水碱式盐)作为样本。

　　1. 不得长期使用,应在医师诊断为缺铁性贫血后使用,且治疗期间应定期检查血象和血清铁水平。

　　2. 儿童用量请咨询医师或药师。

　　3. 本品不应与浓茶同服。

　　4. 本品宜在饭后或饭时服用,以减轻胃部刺激。

　　5. 如服用过量或出现严重不良反应,应立即就医。

　　6. 对本品过敏者禁用,过敏体质者慎用。

　　7. 请将本品放在儿童不能接触的地方。

　　8. 维生素 C 与本品同服,有利于本品吸收。

　　9. 如与其他药物同时使用可能会发生药物相互作用,详情请咨询医师或药师。

四、富含维生素 C 的食品

　　黄色、橙色水果和蔬菜都含维生素。富含维生素 C 的水果很多,如鲜枣、红果、柚子、桔子、橙子、柠檬、草莓、柿子、芒果、猕猴桃、龙眼等,其中猕猴桃号称"维 C 之王",可见其维生素 C 的含量之高。含维生素 C 的新鲜蔬菜如小白菜、油菜、油菜苔、紫菜苔、苋菜、芹菜、香椿、苦瓜、花菜、辣椒、毛豆、豌豆苗、藕等。西红柿的维生素 C 含量也较高,多吃西红柿是很好的补充维生素 C 的方法。

五、日常饮食结构及习惯

中国人传统的饮食习俗是以植物食料为主,主食是五谷,辅食是蔬菜,形成这样习俗的主要原因是中原地区以农业生产为主要的经济生产方式。现代人的日常饮食中肉类、高脂肪食物所占比例较高。

六、合理的膳食结构

合理的饮食结构是金字塔形的,金字塔的底端是谷物类;第二层是蔬菜、水果类;第三层是鸡、鸭、鱼、肉、蛋、奶制品及豆类食品;第四层是油、盐、糖类。中国预防医学科学院营养与食品卫生研究所提出了"4-4-4-3-3"制,即每天吃400 g粮食、400 g蔬菜、40 g豆类、300 g动物性食物、30 g油。

图3-10 学生关于市售补铁剂的调查报告

学生分工合作,在有限的时间内完成了调查报告,虽然内容较简洁,选择的样本数也比较少,但是通过合作交流总结,让学生对于贫血(主要是缺铁性贫血)及常见的补铁剂服用的注意事项有了一定的认识和了解,同时体验了小组合作的学习方式。

3) 构建价类二维图,提升模型认知

教师组织各项目组学生根据查阅的资料和调查获取的知识进行更深一步的研究学习,得知缺铁性贫血最重要的是补铁治疗。一般来说,容易在胃肠道中转变为离子状态的铁易于吸收,二价铁比三价铁易于吸收,常用如硫酸亚铁、琥珀酸亚铁等药物都含有大量二价铁。自然存在的二价铁化学性质很不稳定,容易被氧化成人体不易吸收的三价铁。因此,保证药物不氧化失效,对于补铁治疗非常重要。Fe^{2+} 和 Fe^{3+} 的性质正好是我们课堂上学习的内容,所以教师要求学生对 Fe^{2+} 和 Fe^{3+} 相关知识进行梳理,并能够用"价类二维图"的形式进行呈现,如图3-11所示。

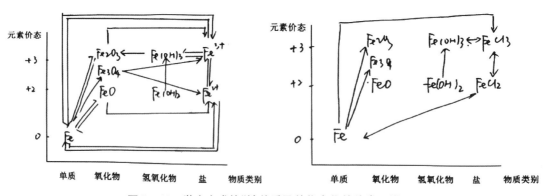

图3-11 学生完成的"铁单质及其化合物的价类二维图"

通过完成"铁单质及其化合物的价类二维图",让学生能从化合价的变化即氧化还原反应角度更深入、透彻地认识 Fe^{2+} 和 Fe^{3+} 之间的关联和转化,并进一步提升模型认知能力。由此也构建完成本项目的核心知识:+2价铁盐的还原性和+3价铁盐的氧化性,通过绘制铁及其化合物互相转变的价类二维图,提高总结归纳能力,掌握学习元素化合物知识的一般方法。

2. 实验探究：合作交流、提升科学创新精神

1）设计实验方案

从元素化合价的角度分析，防止补铁剂被氧化剂氧化，人体才能更好地吸收补铁剂，首先要避免储存过程中药品被空气中的氧气氧化，同时建议在服用补铁剂期间能尽量多吃具有还原性的食物（比如富含维生素 C 的食物，因为维生素 C 具有还原性）。基于此，学生设计了 Fe^{2+} 还原性（被氧化）和 Fe^{3+} 氧化性（被还原）的相关实验。

2）交流完善实验方案

小组内先进行实验方案初稿的交流，以小组为单位形成一份较为完整的实验方案，并与教师进行沟通，在教师的指导下，对本组的实验方案进行修改和完善，并最终得出一份相对较为完整、具有可操作性的实验设计方案。

3）实践探索，形成项目成果

学生以小组的形式，在教师的指导下，在实验室进行实验研究。实验过程中，教师指导学生要根据自己所写的实验设计方案进行实验操作，注意观察实验现象，并将实验现象及时记录下来，并要懂得比较分析，实验结束后每组需要完成一份实验报告的撰写。

学生平时较少接触实验方案设计，完全让学生自己独立完成，难度较大，学生不知如何下手，所以教师提供了书写的模板，而通过实验方案的修改完善也让学生学会严谨的科学态度。无论是实验报告的撰写还是实验操作都是以小组为单位进行，学生团结互助，在实践探索中体验合作学习的过程，并能真正有所收获。

3. 成果展示和评价：交流互评、反思优化

1）学生实验成果展示

学生通过撰写实验方案、进实验室动手操作、观察实验现象并得出相应的实验结论解决实际问题，学生参与整个学习、探究的过程。学习过程中，既有小组内的交流互助，更有小组之间的交流完善。从 Fe^{3+} 检验方法、试剂的选择、Fe^{2+} 和 Fe^{3+} 之间转化实验的具体设计等，都是小组交流最终得出的成果。以下是学生的实验成果展示，主要包含实验步骤、实验现象，从实验现象得出实验结论，最后由实验结论再进行更深层次的推导，从而解答驱动性问题。

【实验 1】将 1 颗琥珀酸亚铁缓释片溶于煮沸过的蒸馏水，取 1 支试管滴入 2 mL 琥珀酸亚铁溶液，再滴加 1～2 滴 KSCN 溶液，观察溶液颜色变化。

现象：滴加 KSCN 溶液后，溶液没有明显变化，如图 3 - 12 所示。

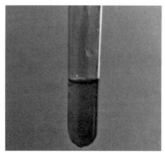

图 3-12 琥珀酸亚铁溶液及琥珀酸亚铁溶液中滴加 1～2 滴 KSCN 溶液对比

结论:Fe^{2+} 没有被氧化成 Fe^{3+},由此推知糖衣的保护使琥珀酸亚铁缓释片没有被氧化。

【实验2】将琥珀酸亚铁溶液于空气中放置 1 天,取 1 支试管滴入 2 mL 放置后的琥珀酸亚铁溶液,再滴加 1～2 滴 KSCN 溶液,观察溶液颜色变化。

现象:滴加 KSCN 溶液后,溶液颜色比实验 1 有明显加深,如图 3-13 所示。

图 3-13 放置 1 天后琥珀酸亚铁溶液中滴加 1～2 滴 KSCN 溶液

结论:Fe^{2+} 易被氧化成 Fe^{3+}。

【实验3】取试管 A 加入 4 mL 氯化铁溶液,再滴入 5～6 滴 KSCN 溶液,振荡。

现象:溶液变为血红色。

【实验4】将上述 A 试管的有色溶液平均分为 5 等份,向试管 A、B、C、D、E 中加入等量蒸馏水、番茄汁、橙子汁、猕猴桃汁、维生素 C 药片溶液,观察溶液颜色变化(已知 SCN^- 离子与维生素 C 不发生反应)。

现象:B、C、D、E 试管中溶液的血红色变浅,且从 B 到 E 试管中溶液颜色逐渐变浅。

结论1:Fe^{3+} 被还原成 Fe^{2+}。

结论2:番茄汁、橙子汁、猕猴桃汁、维生素 C 药片对补铁剂的吸收均有促进作用,除了维生素 C 药片外猕猴桃汁的效果相对较好。

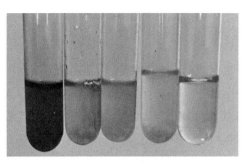

图3-14 蒸馏水、番茄汁、橙子汁、猕猴桃汁、维生素 C 药片的对照试验

结论:补铁过程中尽可能多地摄入富含维生素 C 的食物,以促进补铁剂的有效吸收。

2)多元评价贯穿始终

项目化学习的评价是与成果的产生、公开的成果汇报紧密相连的。项目化学习要对学习实践的整个过程进行评价,以引发更深层次的学习和理解。项目评价并不只有教师才可以进行评价,因为本项目化学习是以小组形式开展的,所以小组同学之间的互评尤为重要。教师需引导学生对自己的成果和同伴的成果进行分析评价,这也能增进学生的反思能力,本项目的项目评价表如表3-4所示。

表3-4 "常用补铁剂,你补对了吗?"项目评价量表

评价内容	评 价 标 准				自评	互评	师评	综合
报告内容 (40分)	调查报告内容详实;实验方案设计合理,实验报告完整(31~40)	调查报告内容较为详实;实验方案设计较为合理,实验报告较为完整(21~30)	调查报告内容基本详实;实验方案设计基本合理(11~20)	调查报告内容不具体详实;实验方案设计不合理(1~10)				
团队合作 (40分)	小组成员分工明确,各成员积极参与,主动提供自己的意见(31~40)	小组成员分工明确,各成员能完成自己应该承担的任务(21~30)	小组合作,但分工不明确,参与度一般(11~20)	没有进行小组合作和分工(1~10)				
展示交流 (20分)	PPT 制作精美,展示交流内容丰富,表达完整流畅,组内互评到位(16~20)	PPT 制作较为精美,展示交流内容较为丰富,表达较为完整流畅,组内互评较为到位(11~15)	PPT 制作一般,展示交流内容一般,表达基本完整,组内互评一般(6~10)	PPT 制作一般,展示交流内容少,缺乏组内互评(1~5)				

四、项目化学习的反思

项目化学习是一种动态的学习方式,围绕着对于驱动性问题的研究,通过小组合作的形式开展活动,在教师的引导下,学生在完成项目任务的同时,掌握核心知识,提升高阶认知能力。学习过程中,学生的团队合作能力、动手能力、观察能力等都得到很好的锻炼,化学学科核心素养也得到真正的落实。

1. 生活化的驱动性问题,激发学生学习兴趣

化学与生产生活实际息息相关,项目化学习的驱动性问题也是来自于生活,将比较抽象、深奥的本质问题转化为学生熟悉、感兴趣的问题。比如案例中的本质问题是"Fe^{2+}的还原性和Fe^{3+}的氧化性及两者之间如何转化",核心知识点是较为抽象的氧化还原反应,缺乏趣味性,看似离学生的生活也较为遥远。而当将本质问题转变为驱动性问题,即"常用补铁剂,你补对了吗?",一下子将化学与我们的生活联系了起来,让学生感受到原来化学就在我们的生活中,通过研究和学习体会到化学可以帮助我们解决一些实际生活中的问题,认识到生活中原来蕴含了很多化学知识,在学习中感受化学学科的价值和魅力。

2. 全程参与实践学习,提升学生学习主动性

本次项目从入项活动开始,教师提出项目任务、学生进行分组,然后以小组的形式完成项目有关资料的查阅及市场调研工作,再到设计修改实验方案、动手进行实验操作,最后形成较为完整的实验报告,每个学生都全程参与整个学习过程。虽然学生对于项目化学习的模式并不熟悉,但是在过程进行中学生表现出了很大的热情。无论是查资料还是实验方案设计、实验操作,小组内分工合作,由各组的组长全权负责、协调,给组内每个学生都分配好任务。小组之间更多则是交流、互评,互相质疑,提出建议并进行修改完善。比如,对于哪些食物可以促进补铁剂吸收,根据已有的知识及查阅的相关资料得出富含维生素C的食物,番茄、猕猴桃、橙子、苹果、菠菜等都可以促进补铁剂吸收。实验中,具体选择哪些食物效果较好,学生提出选择本身水分较为充足、汁水颜色较浅的番茄、橙子、猕猴桃较为理想。同时也有学生提出,对于驱动性问题"常用补铁剂,你补对了吗?"除了要讨论促进,是否也要考虑抑制的问题,比如为什么服用补铁剂的时候不宜喝浓茶、咖啡等。项目化学习这种模式较为明显地凸显了学生的主体地位,使学生自身的探究潜能得到了很好的激发,提高了学习的积极性。同时通过小组交流合作,也增强了团队合作意识。

3. 多种形式公开成果展示,增强学生学习的动力

项目化学习和其他类型教学的区别在于,项目化学习最终要形成公开的有质量的成果,并进行交流。项目化学习公开成果可以让学生的学习变得更有动力,可以让学生再次回顾自己的项目历程,促进学生反思,让所学的知识变得可视和易于讨论,同时让整个项目变得更具真实性。项目化学习过程中,往往都是以小组的形式进行各项活动,比如案例中就以 4～6 人分为一组,每组组长一名,组长根据任务及组员的具体情况进行分工,活动中每位组员都需要完成自己的任务,在此基础上,最终由组长形成小组的集体成果,所以项目化学习要同时考查学生个体和团体在项目化学习中的进展,成果也需要包含个人成果及团队成果。

项目化学习是一种能够全方位锻炼学生的思维和能力并将所学知识进行实践应用的学习方式。学习方式的改变是学生在项目化学习过程中感受与以往课堂学习最大的不同点,学生不再全程跟随教师,而是在教师的指导下进行小组合作并全程参与学习,除了师生之间的交流沟通,更多的是学生与学生之间的互助学习,真正体现了学生主体的地位。"双新"背景下,项目化学习有其美好的前景,虽然推进过程中无论是学生还是教师、学校层面都存在着不少的困难,课时紧张、教学内容繁重、学生学习兴趣下降等,但是它改变了课堂教与学的生态链,改变了学生的学习习惯,从被动的"要我学"到主动的"我要学",充分激发学生自身潜力,将提升化学学科核心素养落到了实处。项目化学习可以从单元角度出发,分析并确定各单元中与生活实际联系紧密的、适合开展项目化学习的内容,其中也可以开展一些微项目。项目化学习对教师提出了新的挑战,促进教师在化学专业道路上不断前行。

【专家点评】

在新时代教育大背景下,"双新"工作正在我国如火如荼地推进,对于广大化学教育工作者尤其是高中化学教师来说,确实面临不少挑战,在课时不增加的前提下,化学内容和难度比过去都有一定程度的增加,教学目标必须从知识和技能为中心转向以化学学科核心素养培育为中心,最大程度地实现化学学科育人价值。这就要求化学教师必须理解"双新"的核心理念和精髓,更加关注大单元教学设计,更加体现教学内容设计的结构化、情境化以及教学过程的活动化。难能可贵的是,姚老师利用化学课堂积极开展项目化学习的实践与探索,主题"常用补铁剂,你补对了吗?"本身就特别契合真实的生活情境,让学生充分感受化学与生活息息相关,同时,通过过程的活动化设计,如请学生绘制铁的价类二维图、主题方案设计与实验探究、成果展示与评价等环节,不仅让学生掌握化学核心知识,还发展了学生模型认知、科学探究以及小组合作能力等核心素养。本教学设计是一个具有一定参考借鉴价值的优秀案例。

(沈正东:上海市高桥中学校长,特级教师、正高级教师)

第三节 "学校电脑房的甲醛超标了吗？" 项目化学习教学案例

项目单位及负责人：上海市奉贤区致远高级中学　蒋楠

项目名称：学校电脑房的甲醛超标了吗？　　　　项目时长：4 课时

教材版本：沪科版高中化学　　　　　　　　　年级：高二年级

　　学校对电脑房进行修缮，修缮完后负责老师反映该房间气味比较刺鼻，提出是否存在甲醛超标的问题。针对该问题，项目负责教师将"学校某间电脑房是否存在甲醛超标"为驱动性问题，引导学生探究甲醛性质，并尝试对甲醛进行定性与定量的检测，感受化学在生活中的用途，从而发展学生"科学探究与创新意识""科学态度与社会责任"等化学学科核心素养。下面将从项目的设计思路、内容、实施过程和项目展示及评价进行阐述，在实践过程中，学生通过项目化学习的开展，充实发展科学知识，提升资料查询、实验探究等多方面的能力，增进化学学科理解，培养科学态度与价值观。

　　在必修和选择性必修课程的有机学习过程中，学生已经对有机化合物有了初步的理解，知道结构决定性质，要分析某有机物的性质，就要从其结构着手。那么如何将理论联系实际，进行切实的知识迁移并学以致用呢？以"学校电脑房的甲醛超标了吗？"项目化学习为例，引导学生从结构出发，通过资料查询和实验探究，最终完成对室内甲醛的检测任务，帮助培养学生的核心素养。

一、项目简介

　　《普通高中化学课程标准（2017 年版 2020 年修订）》中指出，要"结合学生已有的经验和将要经历的社会生活实际，引导学生关注人类面临的与化学有关的社会问题""通过以化学实验为主的多种探究活动"，使学生体验科学研究的过程，"激发学习化学兴趣，增强科学探究的意识，促进学习方式的转变，培养学生的创新精神和实践能力"。高二化学"学校电脑房甲醛超标了吗？"项目化学习以挖掘身边的化学素材，以项目任务为导向，通过研究物质的结构，探讨可能的性质，寻求检测甲醛的可行性方案，主要运用探究、实验与资料查询等学习方式，从结构到性质，从定性到定量，从课本到课外延伸，帮助学生养成化学思维，培养善于发现和分析问题的能力，提升学生的化学学科核心素养。

1. 教材分析

本项目的展开是基于沪科版高二第十二章"初识生活中的一些含氧有机化合物"第三节"家庭装潢说甲醛"。并且在选择性必修课程"有机化学基础"中的第三章"烃的含氧衍生物"第二节"醛和酮"正文中以乙醛为例学习醛基的性质。学生对于乙醛的了解缺乏感性认识,教师在教学过程中通常结合乙醛中的官能团来学习其化学性质,导致学生持续探究动力不足。

因此本项目从教材中的素材——甲醛着手。甲醛是学生在生活中耳熟能详又谈之色变的物质,因脲醛树脂这一黏合剂的使用,甲醛污染在家庭装潢中似乎不可避免,那么如何检测室内甲醛,确保室内甲醛的含量是在安全阈值中呢? 本项目从甲醛性质探究着手,从定性和定量角度进行甲醛含量测定实验方案的设计与测定,探讨室内甲醛含量检测的可能性。

该项目从学生的生活实际出发,理论结合实际,激发学生持续的探究意识。同时帮助学生能够从含氧的烃的衍生物性质探究着手,归纳醛的性质,从结构性质着手来进行设计实验,结合定量实验及甲醛检测的分析方法检测室内的甲醛。

2. 学情分析

学生之前已经学习石油化工、烃类化合物的性质以及含氧烃的衍生物乙醇的性质。学生通过对有机物的学习知道应该从结构着手,通过探讨有机物中的官能团,并尝试推测该有机物可能具有的性质或从性质出发来推导该有机物可能具有的结构。但学生在推演过程中表现出模型意识和演绎意识不够,同时对于不熟悉的有机物存有畏惧心理,探究意识较为薄弱,因此教师在实施项目化学习的过程中应适时引导学生进行探究,引发学生质疑和思考。

3. 课时安排

本项目化学习分为 4 个课时,分别为入项活动(原理学习)、方案交流(设计方案并交流完善)、实验研究和生活应用及展示。以实验为载体,主要应用探究性实践学习方式,通过分组合作,帮助学生从甲醛结构进行着手,从而让学生感受醛基性质的应用,帮助学生用化学的方法解决身边的问题,同时通过比对各个检测方法,感受化学在生产生活中的实际应用,激发学生兴趣,培养学生的科学精神与社会责任。

二、项目设计和实施

1. 核心知识

(1)醛类的性质。

(2)甲醛定性和定量检测的方法。

2. 学科核心素养

(1)培养资料检索、实验设计、观察、证据推理能力。

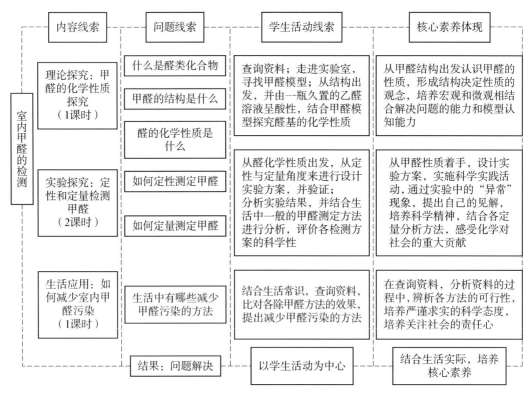

图 3-15 "学校电脑房的甲醛超标了吗?"项目课时安排及素养落实

（2）关注社会发展,感受化学对社会发展的重大贡献,提升科学精神和社会责任。

3. 高阶认知

本项目化学习活动涉及问题解决、方案设计、实验和资料检索等,帮助学生养成良好的化学思维能力,提升学生的综合素养能力。

4. 驱动性问题

在驱动性问题展开的过程中,教师应结合生活中真实的情境进行问题的描述,且情境应与学生的生活息息相关,可以取材于学校、家庭、生活以及各类的新闻等,引发学生连续的探究热情和深入思考,本项目的驱动性问题与子任务如表 3-5 所示。

表 3-5 "学校电脑房的甲醛超标了吗?"项目驱动性问题与子任务

驱动性问题	子任务
学校电脑房甲醛超标了吗?	① 什么是醛类物质 ② 甲醛的结构 ③ 甲醛的性质研究 ④ 甲醛的定性检测 ⑤ 甲醛的定量检测 ⑥ 生活中有哪些减少甲醛污染的方法

例如,在第一课时中,由于校园一角——录播室的电脑房散发刺激性气味,教师不得不一直开窗通风,于是请学生来帮忙检测该教室内是否甲醛含量超标。在提出该问题后,有的学生提出甲醛超标的标准是什么;有的同学提出如何测室内甲醛的含量;有的同学提出甲醛检测的原理是什么;还有的学生提出假设甲醛超标,我们应该如何来进行减少室内甲醛……由该驱动性问题引发的一连串的思考,形成了子驱动问题,给学生提供了多角度的探索空间,让学生探究兴趣浓厚。

5. 项目实施

学生根据项目任务及自己的兴趣点制订项目计划,根据项目计划进行小组成员分工,制订探究计划,教师从中进行引导与评价,项目清单如表 3-6 所示。

表 3-6 "学校电脑房的甲醛超标了吗?"项目清单

项目名称	子项目	任务	课时	预计成果
室内甲醛的检测	理论探究甲醛的化学性质	查询资料,实践探究,模型推理	1	实验方案,资料成果,汇报 PPT
	实验探究定性测定甲醛	实验探究	1	实验方案
	实验探究定量测定甲醛	实验探究	1	实验方案
	如何减少室内甲醛污染	查询资料	1	资料成果,项目调查报告

1)以学生活动为中心,培养实践探究能力

在项目开展的过程中,应坚持以学生活动为中心。学生在开展项目化学习的过程中,有资料收集、实验探究和成果展现,这些活动具有一定的挑战性,学生在完成此类活动中可以形成对问题的研究方法,知道如何来进行解决问题,学生在处理复杂的生活问题中形成了知识间的迁移,最终形成自己的知识与技能。

例如,在探究甲醛的性质中,学生通过先前学过的乙醇的性质进行知识的迁移:乙醇可以与氧气催化氧化得到乙醛,结合甲醛和甲醇的分子模型,醛基上的碳氧双键是否会与氢气发生还原反应? 作为一个含氧的烃的衍生物,其中含有碳、氢、氧元素,其中是否会因为燃烧而发生氧化反应,是否会发生类似于乙醇的催化氧化?

又如,在探究醛基性质的过程中,教师展示一瓶久置的乙醛溶液,引导学生测定该溶液的 pH 值,发现 pH 值在 4~5。而学生查询资料可得,乙醛溶液应呈中性,则该久置的乙醛溶液中还可能存在什么物质? 学生又将久置的乙醛溶液进行蒸馏,在馏出物中加入足量无水 Na_2SO_4,将可能的水进行去除,加入少许金属钠,观察是否有气泡生成。同时进行对比实验,与在无水乙醇中加入少许金属钠进行对比。

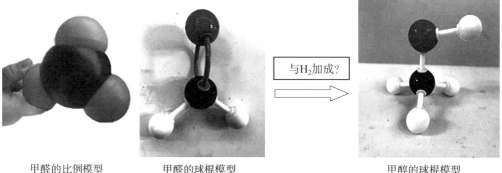

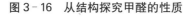

| 甲醛的比例模型 | 甲醛的球棍模型 | 甲醇的球棍模型 |

图 3‐16　从结构探究甲醛的性质

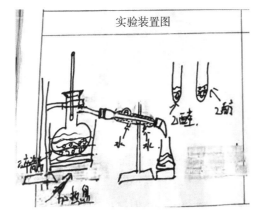

a 设计实验:蒸馏乙醛溶液,欲分离得到纯净乙醛

无水乙醇与少量金属 Na 反应	蒸馏后的馏出物与少量金属 Na 反应
Na 沉于无水乙醇底部,缓慢放出气泡	Na 浮于液体上方,快速游走,剧烈反应,并有白烟(或白雾)

b 验证蒸馏产物的性质:在馏出物中加入金属 Na

图 3‐17　实验探究醛基的性质

经查询资料得知,乙醛沸点为 20.8℃,该馏出物的沸点约为 40～50℃,即该馏出物为混合物。乙醛不与金属钠反应,则该馏出物中除了乙醛外,物质结构上有活泼氢,且活泼性大于醇羟基。因此学生推断部分的乙醛被氧化为乙酸。通过对石油的分馏与乙醇与金属钠反应的现象,学生完成了对这部分知识的应用,知识迁移过程中的对比,既习得了新的知识,获得了巨大的满足感,同时养成了进一步的探究意识。

2) 以解决问题为目标,培养科学探究能力

在项目化学习的过程中,学生面临的是综合性强的问题,项目化的学习实质就是解决问题和完成项目的过程,在实施的过程中将综合性强的问题转化为一个个可操作的简单的任务,最终达到解决问题的目的。因此在设计项目化学习过程中,应以解决问题为目标,通过综合运用各个知识来解决问题,培养学生分析、推理和不同情境下解决问题的能力。

如在室内甲醛的定性与定量检测中,学生先采集甲醛溶液上方的气体,将其注入酸性高锰酸钾溶液中,溶液由紫色变为粉红色,如图3-18所示。

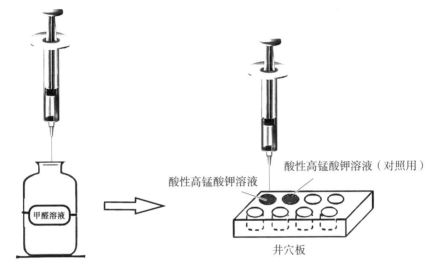

抽取甲醛溶液上方气体　将抽取的气体推入酸性高锰酸钾溶液中,并进行对照,观察颜色变化

图3-18　甲醛溶液上方气体注入酸性高锰酸钾溶液现象

但当用针筒取用待测教室内的空气样品加入高锰酸钾溶液时,高锰酸钾溶液颜色没有变化,学生推测应是空气内甲醛浓度低,颜色变化肉眼无法观察。原理上可以实现,但是现实中无法实现。同样在定量实验中,因久置的高锰酸钾溶液变质而采用标准草酸钠溶液标定其浓度,得到高锰酸钾溶液浓度为 0.046 6 mol/L,再用该高锰酸钾来滴定甲醛溶液,当滴定甲醛溶液的时候可以看到预期的现象,而将待测空气注入水中形成待测溶液时,实验又一次失败了。归结原因,学生总结出,待测教室的空气样品中甲醛浓度太小,以至于现象不可见,需要更加精密的仪器才可以实现。

于是小组学生进行分工,有的去查询文献,查询目前的甲醛检测方法有哪些;有的

将测甲醛试剂盒放于抽屉

图3-19　学生配制甲醛测定液并置于电脑房进行测试

去购物网站上检索是否可以购买测定甲醛的服务或器材。查询文献的学生分析比较各类分析方法,了解当下测空气内甲醛的分析手段。检索购物网站的同学购买了常见的甲醛试纸,又经专业检测人员推荐购买检测甲醛的采样盒。

图 3-20　用甲醛试纸测定后对照比色卡

根据以上结果,学生经讨论认为该数据还不是很精确,特别是 0.2 和 0.5 颜色相差比较近,但根据国家卫生标准,该房间的甲醛浓度超过了标准值 $0.10\ mg/m^3$ 的。那么该数据是否准确可靠呢?学生又采用了某专业检测公司的甲醛采样盒,将房间密闭9小时后采样,采样时间为 6 个小时,然后送检到第三方检测机构。最终测试结果为该房间甲醛浓度为 $0.091mg/m^3$,符合国家标准,测试结果如图 3-21 所示。

测试结果　　　　　　　　　　　　　CAN21-100971.013　　　　　　　日期:2021 年 06 月 09 日
客户名称:　　　　　　蒋同学
采样地点:　　　　　　奉贤区致远高级中学录播室电脑房
样品名称:　　　　　　甲醛采样盒
采样位置:　　　　　　书房
采样日期:　　　　　　2021 年 06 月 02 日
采样方式:　　　　　　密闭 9 小时采样,未开空调,无新家具
采样时间:　　　　　　6 小时
测试样品描述:
样品编号　　　　　　　样品描述
FORM2103MQON　　　室内空气甲醛检测采样盒
测试结果:

测试项目:	甲醛
单位:	mg/m³
采样盒编号:	FORM2103MQON
测试方法:	客户将甲醛采样盒放置于特定空间内,完成采样后,将甲醛采样盒寄回,用高效液相色谱配二极管阵列检测器(HPLC/DAD)分析甲醛浓度。
测试结果:	0.091
方法检出限:	0.030
参考限值:	0.10(小时均值)

注:①限值——参考 GB/T 18883-2002《室内空气质量标准》;②甲醛浓度级别划分。

图 3-21　高效液相色谱测定甲醛采样盒的室内甲醛结果

从理论到现实,从定性转到定量,从常量到微量,问题看似变得复杂化,但是学生在解决问题的过程中,不断在思考为什么,如为什么空气中的甲醛不能使高锰酸钾溶液褪色?不断思考怎么做才可以检测,如能否将大量的空气通入水中形成甲醛溶液来进行检测,能否采用其他方法来进行检测?不断思考测得的数据是否精确符合事实,如购物网站测定甲醛的方式多种多样,价格层次不齐,差异在哪里?学生基于实验事实,又对数据的准确与否提出自己的想法,在这一过程中培养了学生的科学精神和探究意识。

3) 以改变生活为指引,培养社会责任意识

驱动性问题来自于生活,而学习化学一方面是深入研究理论知识,在深度与广度层面予以拓展;另一方面是将知识转化为功能应用于生产生活,帮助人们改善生活质量,提高生产效率。学生在项目化学习的过程中,通过对问题的深入探究,总结科学规律,将理论与实践相结合,切实解决生活中的问题,对生活中的一些固有行为进行反思,培养学生的社会责任意识。

例如,学生提出若房间内甲醛超标,如何减少室内甲醛的污染呢?基于学生的生活常识,可以在家里放绿植、放活性炭炭包,还有使用空气净化器或者开窗通风。那么哪种除甲醛会更有效率呢?基于以上的问题,学生查询资料,通过对文献的检索、分析,得到在室内放绿萝是没有效果的。其他绿植和活性炭包由于没有空气的被动输入,除甲醛的效果也是有限的。空气净化器和开窗通风可以帮助减少室内甲醛含量。学生基于文献检索和分析,可以提高对于日常生活行为的反思能力和问题解决能力,将所学应用到生活中,同时学生也深刻地意识到减少甲醛污染归根结底应减少含甲醛制品的应用,在家具装潢中应采用新材料、新的黏合剂等,从而培养了社会责任意识。

4) 以过程性评价与结果性评价为指引,培养科学探究精神

过程性评价是在项目开展中对学生的探究过程的评价方式,关注项目活动与过程,是对学生非智力因素的评价。在评价过程中采取自评、互评和师评相结合的方式,将评价过程与学生项目化学习过程交叉融合、同时进行,强调互相反馈。同时项目化学习过程中,每组学生都有其项目成果,如实验方案、交流 PPT 等,同时还需要了解学生在项目活动中对相关的知识与技能的掌握情况,因此结果性评价也是必要的。过程性评价与结果性评价两者相结合,引导学生注重培养科学探究意识,本项目评价量表如表 3-7所示。

表3-7 "学校电脑房的甲醛超标了吗?"项目化学习评价量表

班级_____ 项目研究小组成员_____ 评价人_____

评价指标	表现标准	分值	表现水平									
			自评	师评	互评							最终评定
					小组1	小组2	小组3	小组4	小组5	小组6		
研究方案(25分)	在项目学习过程中查询资料,确保研究方案的科学性	10										
	对甲醛的检测是有针对性的,切实可行的	10										
	甲醛测定的方法是富有创新性的	5										
研究过程(25分)	项目研究过程是真实的,有照片或图表记录的	10										
	甲醛的检测结果是经重复操作的真实结果	10										
	在实施项目的过程中同学之间是互相协作、发挥个人特长的。	5										
研究报告(25分)	研究报告符合研究事实,内容完整	10										
	对研究结果进行反思,可以查询资料分析解决问题	10										
	经过反思可以改进方案,优化研究过程	5										

(续表)

评价指标	表现标准	分值	表现水平									
			自评	师评	互评							最终评定
					小组 1	小组 2	小组 3	小组 4	小组 5	小组 6		
展示交流（25分）	展示结果与研究过程真实吻合	10										
	交流富有条理性	10										
	展示内容丰富完整	5										
总分		100										
等级												

三、项目的成效与反思

本项目在开展的过程中,从驱动性问题的提出到项目的实施,学生始终兴趣浓厚,参与热情高,在课堂的汇报中亦充满信心,乐于分享自己在探究过程中的得失,让学生的综合素养有了较大的提高。

1. 项目成效

1）设计子项目,提升学生发现问题解决问题的能力

学生在驱动性问题的提出过程中,踊跃地提出了很多问题,将问题拆分成一个个小问题,从而形成子项目,在此过程中,学生用化学的思维分析并解决问题,再将问题回归生活,切实解决生活中的问题,培养了学生发现问题、解决问题的能力。

2）合作探究实验,提升学生的操作能力与认知能力

学生分为 5 人一组,团队合作,设计实验并对结果提出质疑,分析讨论实验结果,从一开始定量测定甲醛时的手足无措,到请教大学有机化学教授,探讨用标准高锰酸钾溶液滴定甲醛水溶液(空气中甲醛溶于水后形成的溶液)的可能性,再到结合生活实际,提出切实可行的实验方案,取得了相对科学的数据,又通过检索文献得知其他更精确的检测方法,如分光光度法、电化学法、传感器法和色谱法等,让学生的知识体系得到了进一步的扩充。让学生知道知识的获取也不仅仅来自于课本,同时也让学生们意识到当今的科技发展进程,感受到科技在不断发展,培养学生的责任担当意识。

3）解决实际问题,提升学生的学科素养能力

学生为了解决实际问题,不断地重复提出假设、查询资料、设计与改进方案、质疑结

果再提出假设,在此过程中,学生能够有意识地进行分析问题、解决问题,知道充分利用身边资源,如图书馆、知网等进行文献检索;通过请教身边老师、大学教授等相关从业人员,询问方案的可行性;在学校实验室进行项目的开展等。学生也能从旧知识迁移到新知识,通过应用从有机物的性质学习到的思想方法,对某一物质的性质进行探究。学生通过项目化的学习,将理论与实际有机结合,培养了自身的学科素养,对客观世界的看法更加理性和科学。

2. 项目中存在的问题与改进措施

1)项目中存在的问题

在项目化学习的开展中,学生热情度高,但由于课内时间的缺乏,课后学业的繁重,无法切实保障学生在探究过程中有足够的时间进行理性和深入的思考。同时由于仪器精密度的欠缺,在探究过程中,学生仅从文献检索中知晓更多更精确的分析方法,无法切身体验,让学生的体验感有所缺失。

2)项目中的改进措施

(1)优化项目,提高学习效率。为了保障学生项目化学习的时间和空间,在驱动性问题提出的过程中,就近取材,以本校某间教室来作为研究对象,取样方便,减少了远距离采样的时间及样品的失真损耗。同时该项目应恰当地拆分成子项目,以便学生的分组整合,提高项目化学习的效率。

(2)整合资源,更新项目进程。每个学生的学习层次和兴趣范围不同,因此在分组的过程中应基于学生的兴趣点,充分挖掘学生的潜能。同时教师提供文献检索手段,引导学生在不同小组角色中都能将自己的任务完成好,而不是仅仅以完成任务为主要目标,同时建立交流群,在线上和线下及时沟通和分享资料,帮助各组学生及时更新组内探究进程及了解其他小组的活动进展,让学生在深入研究本小组的任务之外也可以获得其他的研究体验。

(3)鼓励教学,及时聆听与引导。项目化学习的展开是以学生为中心,但教师不能放任学生的自主研究,否则项目化学习效率低下,且深度与广度均有所欠缺,不利于学生的发展。教师应及时跟进各小组的项目开展,对学生项目的开展进行聆听,并不时引导学生对研究进程中的某些问题提出质疑,帮助学生优化方案设计,并适时给予学生鼓励。

3. 项目化学习教学反思

1)创设生活化的驱动性问题,激发学生持续探究

在驱动性问题的创设中,教师应采用生活化的、更贴近学生实际的问题,将其转化为驱动性问题,这既是帮助学生从化学视角体验生活,也帮助学生更多地用化学知识去解决生活问题,学以致用,感受化学对生产生活的重要意义,培养社会责任意识。在本项目中采用"学校电脑房的甲醛超标了吗?"作为驱动性问题,一方面该问题需要学生掌

握醛基的性质,需要学生来收集空气中的甲醛,另一方面需要学生思考如何通过定量实验精准测量教室内的甲醛。该问题得到了学生积极的响应,学生将驱动性问题进行拆分,认真筹备,积极探索尝试解决该问题。

2）积极创建项目化学习平台,便于沟通和学习知识

在学生探究问题的过程中,不可避免地会产生各种困惑,如果任由学生自主探究,不仅耗时长,而且可能在探究过程中进入"死胡同",降低学习的效率,这就要求教师积极为学生创建项目化学习平台,充分利用各种资源和平台,方便学生交流,及时更新自己的"知识库"。

例如,在本项目化学习中,学生屡屡受挫,主要在于空气中的甲醛含量低而无法通过常规实验进行检测,更不要说将其中的含量准确测定出来。因此学生设想了很多实验方案,如收集足够的气体进行验证、利用购物网站购买检测仪器、查询资料了解现今的甲醛检测方法等。在此过程中,教师组建了一个交流群,将知网的查询方式和参考论文发在群里,方便各组成员能够互相及时沟通,将探究的过程适时地发在群里,既了解各组之间的进度,又可以节约时间,利用已有的研究成果为自己的探究进行助力。并且教师又联系大学有机化学教授,就学生遇到的困惑进行沟通,探讨方案的可行性,帮助学生及时地改进实验方案,更有效地完成项目化的学习。

3）鼓励学生撰写研究性报告,留下文字性成果

在项目化学习的过程中,一方面注重学生的学习过程,一方面也注重学生的成果体验,学生在项目化学习的过程中,对于项目化的学习有很多的感触和体验,如果学生忽略记录自己在项目化学习过程中的感触和体验,将不利于学生的长期发展,同时也会失去项目化学习的意义。

在本次项目化学习后,教师鼓励学生将查询到的资料、实验的流程和结果及所做的PPT、反思等整合成研究性课题报告。很多学生通过参与本项目并撰写报告,上传至研究性课程摩尔平台,以此作为综合素质评价之一。

【专家点评】

本案例以"室内甲醛检测"为主题,贴近学生生活实际,以醛类的结构与性质为核心,有助于学生整理与调用有机反应类型的核心知识,实现知识向能力素养转化的目的。在本项目中,驱动性问题可拆解成多个不同角度、不同层次的研究任务,包括甲醛的产生原因、甲醛的检测、甲醛的消除等,可让学生深刻体会化学反应原理在生活、生产实际中的应用,充分体现了情境创设的真实性、关联性与递进性。在项目推进过程中,教师为学生制订了合理的探究任务和驱动性问题,紧扣目标,适时拆解问题,关注过程性评价与结果性评价的结合与落实,使每个任务、每个问题都能落地生根。通过该项目的学习,学生可以发展证据推理与模型认知、科学探究与创新意识、科学态度与社会责

任等学科核心素养,有利于学习兴趣的激发、知识素养化的实现以及问题解决能力的提高。

（徐凯里:上海市北郊高级中学副校长,特级教师、正高级教师）

第四节 "如何检测纯碱样品中碳酸钠含量"项目化学习教学案例

项目单位及负责人:上海市奉贤中学 张莉

项目名称:如何检测纯碱样品中碳酸钠含量 项目时长:3课时

教材版本:沪科版高中化学 年级:高二年级

通过高二化学定量实验单元的学习,学生对三个定量实验的实验原理、操作、计算及误差分析等有了一定知识积累,具备基本的实验操作、观察、计算和误差分析能力,但针对不同化学反应特点来设计定量实验方案的能力还较弱。基于课程标准、教材和学生学情的分析,我们设计了"如何检测纯碱样品中碳酸钠含量"的项目化学习方案,以小组合作进行实验研究的方式,让学生在项目化学习中提升科学探究素养。

一、项目设计

工业生产纯碱时需要检测碳酸钠的含量,"如何检测纯碱样品中碳酸钠含量"项目化学习以此为研究背景,以纯碱样品(含碳酸钠和氯化钠)中碳酸钠含量检测为例展开项目研究,尝试将三种定量分析法融合在一个实例中,通过小组合作、体验学习、对比研究,加深学生对三种定量方法的实验原理、试剂选择、仪器组装、操作要点、误差分析等的理解和认识。重点是纯碱样品中碳酸钠含量检测,难点是实验设计及评价。在化学原理上,采用对比的方法,针对不同状态的物质采取相应的检测手段和方法,启发学生从化学反应思考选择相应的定量方法进行测定。通过设计方案和动手实验,着重讨论定量原理、实验步骤、操作要点,并针对实验结果进行数据处理、针对定量实验的核心进行误差分析,从而反思改进实验设计。最后,在应用研究的基础上,总结讨论气体体积法、沉淀重量法、滴定分析法的相关问题,构建定量实验模型,优化实验装置和方法设计,使学生进一步理解三种常见的定量实验方法,从而突破重点和难点,提升学生的科学探究和创新意识。

1. 核心知识

1) 主要知识

(1) 理解气体体积法、沉淀重量法、滴定分析法的原理、方法和操作。

（2）掌握纯碱样品中碳酸钠含量测定的实验设计方法、操作及误差分析。

2）学科关键概念或能力

（1）树立微粒观和化学平衡思想，培养观察宏观现象与微观本质的学科核心素养。

（2）培养实验设计、观察、证据推理能力，培养科学探究与创新意识的学科核心素养。

2. 高阶认知

主要的高阶认知策略：问题解决、系统分析、实验等。

3. 驱动性问题

本质问题：如何检测碳酸钠、氯化钠混合物中的碳酸钠含量？

驱动性问题：工业上"侯氏制碱法"①制得的纯碱产品中常含有少量的氯化钠杂质，需要化验员对每批次的纯碱产品进行检验。如何帮助化验员检测纯碱样品中碳酸钠的含量呢？

4. 项目成果

4～6人一组，团队合作，设计实验方案，并动手实验，检测纯碱产品中碳酸钠含量，撰写实验报告（包括研究背景及意义、研究过程、研究成果、研究体会及反思），并填写评价量表。

5. 项目课时安排

本项目共分为3课时，具体安排如表3-8所示。

表3-8 "如何检测纯碱样品中碳酸钠含量"课时安排

课时	教学内容	教学知识与技能点	所需资源	提交成果	教学实施	评价方法、内容
第一课时	入项活动：启动项目任务，比较三种定量实验方法，设计实验方案	理解气体体积法、沉淀重量法、滴定分析法的原理、方法和操作	学习任务单：实验方案设计	实验方案	① 三种定量实验方法 ② 三种定量实验的综合应用 ③ 分组讨论，设计实验方案	实验方案反馈：方案的完整性、可行性、科学性

---

① 侯氏制碱法：以氯化钠、二氧化碳、氨和水为原料制取纯碱，副产物为氯化铵的过程。

（续表）

课时	教学内容	教学知识与技能点	所需资源	提交成果	教学实施	评价方法、内容
第二课时	学生实验：探索纯碱样品中碳酸钠的含量，形成成果	① 掌握纯碱样品中碳酸钠含量检测的实验设计方法、操作及误差分析 ② 掌握实验报告的撰写方法	标准化实验室 实验1：实验试剂——纯碱样品、稀硫酸、油、品红溶液。实验仪器——电子天平、药匙、恒压漏斗、双颈瓶、水准管、量气管、导管、接头 实验2：实验试剂——氯化钡溶液、蒸馏水。实验仪器——电子天平、药匙、玻璃棒、漏斗、烧杯、滤纸、铁架台、铁圈、烘箱、小刀 实验3：实验试剂——氢氧化钠固体、0.1 mol/L盐酸溶液、纯碱样品、甲基橙、酚酞。实验仪器——电子天平、药匙、烧杯、玻璃棒、250 mL容量瓶、锥形瓶、滴定管、滴定管夹、铁架台	学生项目化学习研究报告	学生小组合作实验	过程性评价：① 学生小组实验情况 ② 实验报告
第三课时	展示拓展：学生实验成果交流展示，互评修订，拓展研究，反思提升	① 三个小组汇报实验研究成果 ② 拓展研究	① PPT、数字实验程序、投影仪 ② 实验仪器装置	学习研究成果评价量表	① 小组展示交流研究成果；② 评价；③ 总结拓展	终结性评价：① 学生观察员评价 ② 教师评价

二、项目实施过程

本项目化学习分为3个课时，分别为入项活动、学生实验、展示拓展。以定量实验为载体，让学生体验定量研究的实践历程，学会装置的改进、数据的分析、误差的反思等。

1. 入项活动：启动项目任务，建构知识能力

以驱动性问题引导学生进入项目化学习，设计实验方案，帮助化工厂化验员对纯碱产品的碳酸钠纯度进行检验。

【环节一】启动项目任务：引入学习项目，明确项目驱动性问题和研究任务。

【环节二】理论探究:对比三种定量实验方法的异同,从检测对象物质的状态思考定量实验的方法,三种定量实验方法的学习支架对比如图3-22所示。

定量实验	酸碱中和滴定	结晶水含量测定	气体摩尔体积测定
原理	$HCl+NaOH \longrightarrow$ $NaCl+H_2O$	$CuSO_4 \cdot xH_2O \longrightarrow$ $CuSO_4+xH_2O$	$Mg+2H^+ \longrightarrow Mg^{2+}+H_2\uparrow$
检测对象	消耗溶液的浓度和体积	固体质量变化	生成氢气的体积
检测物状态	溶液	固体	气体
计算式	$C_{待测}=(C_{标准} \times V_{标准})/V_{待测}$	$x=160m_2/18m_1$	$V_m=\dfrac{V_{(H_2)}}{m_{(金属)}} \times M_{(金属)}$
已知量	$C_{标准}$	$M_{(硫酸铜)}$	$M_{(Mg)}$
测定量	$V_{标准}$、$V_{待测}$	$m_{硫酸铜晶体(样品)}$ $m_{硫酸铜}$	$m_{(Mg)}$、$V_{(H_2)}$
方法	滴定法	重量法	气体体积法

图3-22 对比三种定量实验方法异同的学习支架

【环节三】方案设计:分组,讨论设计纯碱产品中碳酸钠含量的实验方案。

2. 学生实验:实验探索实践,形成项目成果

学生走进标准化实验室,通过分组实验,采用不同的定量实验方法,合作研究,检测碳酸钠含量。

【环节一】交流实验方案:交流纯碱产品中碳酸钠含量检测的实验方案。

【环节二】修订完善实验方案。

【环节三】合作实验探究:4~6人一组,团队合作,小组分工,动手实验,定量检测碳酸钠含量,然后修订、完善实验方案,撰写实验报告。

(a) 气体体积法测定纯碱样品中碳酸钠含量　　(b) 重量法测定纯碱样品中碳酸钠含量　　(c) 滴定法测定纯碱样品中碳酸钠含量

图3-23 学生在标准化实验室做纯碱样品含量测定研究实验

【环节四】形成成果：分析实验现象及实验数据，反思，撰写实验报告。

3. 展示拓展：交流展示互评，拓展研究反思

学生在学科教室，分组交流、分享研究成果，通过自评、互评和师评，完善研究，提高表达和评价能力，并进行拓展研究，提升科学探究素养。

【环节一】学生实验成果交流展示：以小组为单位，分享交流实验过程、结果分析及反思。

【环节二】评价与修订：小组互评，讨论研究相关问题。

【环节三】研究反思与拓展：总结物质含量测定的一般方法，优化实验装置，建构定量实验模型，拓展介绍双指示剂及数字实验滴定曲线。

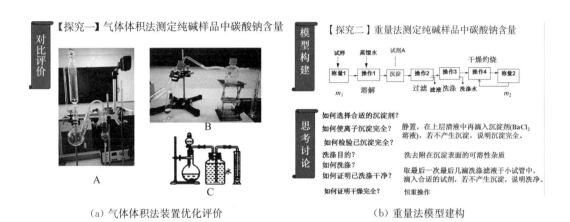

（a）气体体积法装置优化评价　　　　（b）重量法模型建构

【探究三】　滴定法测定纯碱样品中碳酸钠含量

实验原理：$Na_2CO_3 + \boxed{2HCl} = 2NaCl + H_2O + CO_2\uparrow$

反应过程：$Na_2CO_3 + HCl = NaCl + NaHCO_3$

　　　　　$NaHCO_3 + HCl = NaCl + H_2O + CO_2\uparrow$

双指示剂法

酚酞　　　　　甲基橙

Na_2CO_3溶液 ── HCl ──→ $NaHCO_3$溶液
浅红色变无色　　　　　黄色变橙色

学习支架2

酚酞：　　　　　　　8.2 10
石蕊：　　　　5. 8.
甲基橙： 3.1 4.4
　　0 1 2 3 4 5 6 7 8 9 10 11 12 13 14

（c）滴定法双指示剂微观解析

图 3-24　"如何检测纯碱样品中碳酸钠含量"项目研究反思与拓展

【环节四】应用研究:定量实验方法的综合应用,设计实验方案,测定碳酸钠、氯化钠混合物中碳酸钠含量。

【环节五】项目总结:师生互评,总结项目研究的学习方法及体会。

三、项目成果展示与评价

学生以小组为单位对项目研究成果进行交流分享,并通过每个小组的观察员进行互评,通过评价量表及时记录对研究过程及结果的评价,帮助学生进行反思,提升观察、表达及评价能力。

1. 项目评价

"如何检测纯碱样品中碳酸钠含量"项目评价分为过程性(包括实验方案、实验过程)和终结性评价(包括实验报告、交流展示),各占50%。图3－25是学生分工及学习评价量表,学生自评、互评及教师评价各占30%、30%、40%,三种方式相结合,多角度评价,及时了解每个项目小组的研究情况、合作情况,调动学生研究积极性。

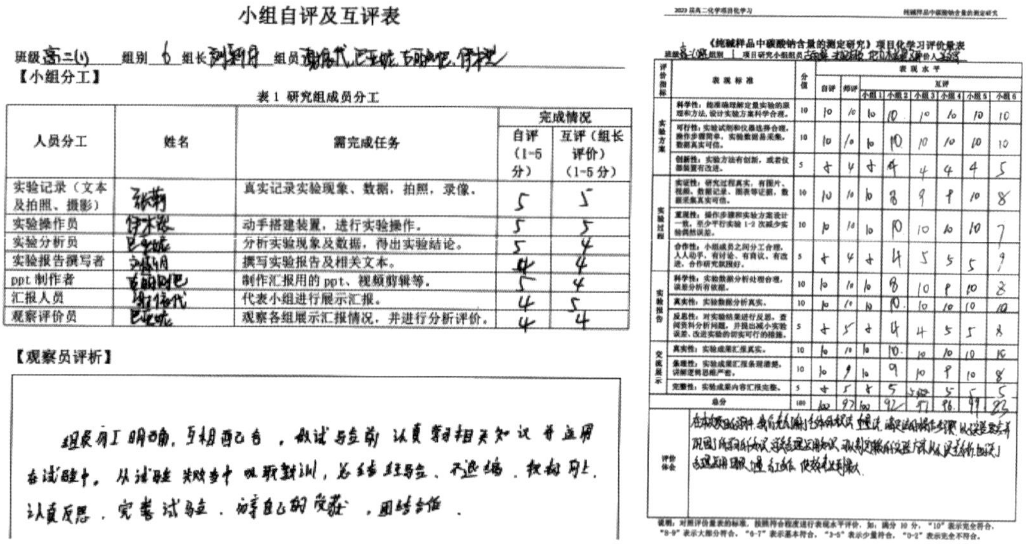

图3－25 "如何检测纯碱样品中碳酸钠含量"项目学生分工及学习评价

2. 学生作品

针对本项目研究,每组学生都撰写了研究报告和汇报PPT。图3－26是学生重量法测定纯碱样品中碳酸钠含量的研究成果的PPT部分展示,从实验方案设计、实验步骤、实验记录及结论、反思与体会等方面展示了研究情况。

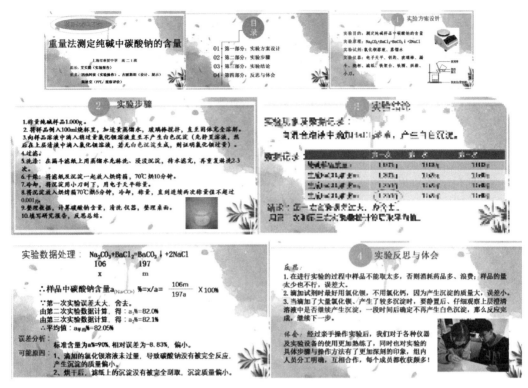

图 3-26 重量法检测纯碱中碳酸钠含量的学生项目研究成果展示

教师评价:该小组选用的是重量法,通过测量反应产生沉淀的质量来求算纯碱样品中碳酸钠的含量,实验方法简单,现象明显,讲解清晰,实验后有针对性思考,特别是对第一次实验数据明显偏小的情况进行了深入反思和实验改进,并舍去了相关数据,进行分析处理,加深对恒重思想的理解。

3. 学生体会

在本项目学习过程中,学生兴趣浓厚,收获颇多。下面摘录两个学生的感想。

吴同学:"在实验前,要仔细查阅资料,设计优化气体体积法实验的方案,考虑哪一种方案和装置更好,误差更小。通过本次实验,我体会到任何一次实验都应该小心谨慎,不能有半点马虎,因为任何一个操作的失误都会导致数据和结果的出错,以致实验失败。提前准备需要的装置以及试剂,了解实验步骤与操作时的注意事项,避免不必要的浪费。通过计算分析,可以快速地推算出所需试剂的质量和体积等数据。要及时分析原因,进行实验改进和平行实验,尽量减小误差。这次项目化学习也让我们知道了团队合作的重要性,只要每一个伙伴分工明确,大家共同协作,实验才能成功完成。"

艾同学:"经过亲手操作实验后,我们对定量仪器的使用更加熟练了,同时也对实验的具体步骤与操作方法有了更加深刻的印象。组内人员分工明确,互相合作,每个成员都收获颇多!我掌握了用重量法来测量碳酸钠含量的方法,面对一次次困难,我和其他组员共同克服。意识到出现错误操作时,重新测量了多次,加深对定量实验的理解,让我深感化学实验的奥妙与趣味。"

四、项目实施反思

本项目结合化工厂化验员的角色扮演,促进学生体会定量实验在生产中的应用,提升学生综合应用解决实际问题的能力,通过项目专题的实验研究,巩固知识,提升学生化学素养。

1. 项目实施效果

本项目计划3课时完成,实施效果较为理想。提升了学生的定量实验设计能力、自主探究能力、观察评价能力,通过实验、分享、互评等学习活动,各小组代表针对评价量表中的标准对每个小组的研究方案、实验过程、实验结果、实验汇报等进行量化评价,提高了观察、表达和评价能力,提升了学生的科学探究素养。

2. 项目化学习教学反思

项目化学习的设计、实施及评价都值得我们进行深入研究。

1)项目化学习的条件和环境建设

传统高中化学教学中,重知识轻能力,重结果轻过程,高中生科学探究能力和创新意识较薄弱。而项目化学习是将学生置于真实的活动情境中,通过自主、合作、探究学习来解决现实问题,注重对学生创造性思维与合作等能力的培养,与高中新课程理念不谋而合。项目化学习有助于提升学生的化学学科核心素养,为学生适应高等教育和职业发展作准备,为学生的终身发展奠定基础。如何挖掘资源、用好教材,开发适合学生的项目化学习,很值得一线教师探索、研究。为了完成"帮助工厂化验员检测纯碱样品中碳酸钠含量"的驱动性任务,学生自主研究小组,分工查阅资料、设计实验方案、进行实验研究、撰写实验报告、分享研究成果。在项目研究过程中,学校丰富的图书馆资源及学校订阅的知网资料库等为学生查阅资料提供了方便,先进的学科教室及标准实验室等设施设备为学生开展实验类项目化学习探究提供了环境支持和有力保障,学生通过不同定量实验方法进行了动手实验和反思分析,不仅达成了检测任务的目标,也在比较研究和思考分析中提升了科学探究素养。

2)设计生产问题驱动研究,提升学生科学素养

化学与生活生产紧密相连,以化工生产中的产品检测的真实情境为背景,设计实验检测的驱动性问题,引发学生探究,小组设计实验方案进行研究,并多次进行平行实验,采用多种不同的实验方法,殊途同归,解决化工生产中的问题,提升学生的科学探究素养。在"如何检测纯碱样品中碳酸钠含量"项目化学习中,将化学本质问题"如何检测碳酸钠、氯化钠混合物中的碳酸钠含量"设计为"如何帮助化验员检测纯碱样品中碳酸钠的含量",驱动学生根据兴趣分别组建小组,选择三种不同的定量实验方法来设计检测

纯碱样品的实验方案,进行实验操作,并撰写实验报告、分享研究成果、互评实验研究,对三种定量实验有了更全面、系统的认识。通过自评、互评与师评,对不同小组实验的实验方案、实验过程、实验报告及交流展示的过程及结果进行了量化评价。以化工生产中的真实问题展开驱动性问题,提供多样化的开放实验场景,提高了学生合作学习及评价能力。

3）注重过程性评价,提升学生化学素养

项目化学习强调"做中学",学生在学习研究过程中的收获和体会尤为重要,因此,对学生的评价也非常注重过程性评价,强化学生主体参与评价,实施多维度的评价。在"如何检测纯碱样品中碳酸钠含量"项目化学习中,注重学生的学习过程,采用过程性和终结性评价相结合。评价方式多样化,以自评、互评及师评相结合,充分体现学生的自主性,调动其积极性。评价主体以学生为主,采用自评、互评与师评相结合,有效促进学生的自主、合作、探究学习。评价量表设计,不仅要对学习成果进行评价,更要对学习的过程进行监控,帮助学习者有效推进每个探究环节,更好地帮助学生发现项目化学习中存在的问题,引导学习者进行反思,培养自主学习能力。

项目化学习是一个基于问题解决的学习过程,它强调将学生置于真实的活动情境中,运用已有知识经验,通过自主、合作、探究来解决现实问题,开展对未知知识的学习。教师要相信学生、鼓励学生,大胆把课堂交还给学生,让学生带着驱动性问题主动学习、实践,在项目化学习中充分动手动脑、思考探究、合作创新,在情景应用、问题解决中更好地提升学生的学科核心素养。

【专家点评】

该项目化学习案例基于课程标准,聚焦化学学科背后的大概念或学科中的最核心最本质问题,通过有效设计和一轮实施,完整呈现了项目化学习需要解决某个问题,产生可见的公开成果,引导所有参与者对成果进行评论和分析,成果的修订、完善、公开报告的过程等全部流程或特征,有很强的操作性、示范效果,对其他老师和学校开展"双新"背景下从素养视角出发的项目化学习有很好的启发和借鉴作用。如果能对本项目化学习背景再做一些详细的描述,更能体现该项目化学习是置于真实的活动情境之中。

（余方喜：上海市松江二中副校长,化学正高级、特级教师）

第五节 "如何选择黄桃种植的土壤和肥料" 项目化学习教学案例

项目单位及负责人:上海市奉贤区曙光中学　马文斌

项目名称:如何选择黄桃种植的土壤和肥料　　　项目时长:1课时

教材版本:沪科版高中化学　　　　　　　　　　年级:高二年级

项目化学习是有别于传统的教学模式,需要在"双新"背景下注入新的教学模式,笔者认为项目化学习是契合"双新"改革的。它更能让学生成为学习的主导者,而教师更侧重于引领,学生能在项目化学习中获得综合素质能力的提高,同时学生在项目化学习中能更好地提升化学学科核心素养。项目化学习是指在一段时间内对学科或跨学科相关的驱动性问题进行深入和持续的探索,调动学生知识、能力、品质来创造性地解决问题,并且在形成真实成果的过程中,对核心知识和学习历程有深刻的理解。学生在真实情境下通过小组合作、分析讨论、实践探索、创新改进、互相评价,能够更好地提升学生的沟通合作、判断思辨、领导决策、解决问题以及项目评价等关键能力,促进学生发展核心素养。

一、项目简介

项目化的设计是具有原则性的,是需要学习者自我驱动和自我定义的目标和产出,需要在教师指导下通过小组合作探究完成学习,需要形成关键成果(例如数据、照片、报告等)。因此本项目的选择是有历史背景的,项目所在学校作为红色特色创建学校,具有悠久的红色历史(由李主一革命烈士创建),为培养学生吃苦耐劳的精神,学校建造有农垦基地。学生在农耕过程中碰到"如何使黄桃树结出又大又好吃的黄桃"这个疑问,通过与教师的交流讨论确立了驱动性问题,从黄桃生长中最重要的两个要素"土壤"和"肥料"探究开展项目化学习活动。期间针对学生对仪器和部分农科知识的困惑,教师对学生提供了基本的实验检测装置与校外农科院的技术指导,协助学生探究任务,提高学生探究的积极性,为发展更多科学素养奠定了基石。本项目主要基于化学知识,同时结合地理、生物、人文等方面,在黄桃种植的过程中,从化学视角去选择黄桃适宜的土壤和肥料,让学生体会在种植过程中土壤和肥料的重要性。对于此问题涉及的知识面比较广,学生通过组成学习小组,共同进行探究。学生通过课前的调查,资料的搜索及实验探究形成研究报告。通过在课上交流汇报,师生相互评价,从而提升学生"证据推理与模型认知""实验探究与创新意识""科学精神与社会责任化学"等核心素养,培育关键能力。

1. 项目背景分析

"如何选择黄桃种植的土壤和肥料"这一项目主要从高一化学必修课中"化学肥料中的主角"与拓展本中"离子的检验与共存"这两个知识点进一步拓展与提升,同时结合学校红色特色课程创建,意在让学生通过此项目化的学习,打破"为了学而学"的束缚,学会真正地思考问题,发展高阶思维。学生认知基础和解决问题很多时候都因为脱离了生活和实际情况,因而容易碰壁。而项目化学习是基于实际问题,在真实情境下,学生自我驱动和定义产出的问题,能够更熟悉,更贴近实际情况,效果会比教师生硬地抛出问题好得多。学生通过项目化学习,利用旧知去探究"如何选择黄桃种植的土壤和肥料"这一驱动性问题,在这过程中,通过合作互助、资料调查、实验探究等方式,从而在旧知的基础上进一步引发思考,学习到更高阶的知识,提升化学学科核心素养。

2. 学情分析

本节课授课的对象是高二化学等级考的学生,由于项目化课程前期要做大量的准备工作,通过课余时间与学生不断地交流指导,教师对他们的内在学情有了更深入的了解。回到学生本身掌握的知识情况,他们已经在之前学习过单一离子的检验和化肥的基本知识。在此基础上,学生通过小组合作开展项目化学习,面对不断产生的实际问题冲突,运用理论化学、实验化学等知识在问题解决中提升化学学科核心素养,同时提升问题解决能力、知识储量、思维深度。

二、项目设计和实施

项目化学习的设计分为六个维度,分别是核心知识、驱动性问题、高阶认知、学习实践、公开成果和全程评价。

1. 聚焦概念性知识,构建学科核心知识网

表 3-9　"如何选择黄桃种植的土壤和肥料"项目学科核心知识及关键能力

学科核心知识	培育关键能力
化学: 离子的检验与共存 化学肥料	① 掌握高中化学中常见离子的检验方法 ② 构建高中化学中常见离子检验的认知模型 ③ 了解化肥及其使用时的注意事项 ④ 理解化肥与土壤的关联性

（续表）

学科核心知识	培育关键能力
历史/人文（农垦文化）	农垦的方法与培育农作物的措施
生物	植物所需要的营养元素
地理	土壤的基本成分与组成

概念性知识是指一个更大的体系内共同产生作用的要素之间的关系，包括分类和类别的知识、原理和通则以及理论、模型和结构的知识。本节课主要涉及的就是离子检验与化肥应用的核心知识。学生通过学习概念性知识，可以举出问题的正例与反例，运用知识作为工具去分析新的情景。如在本课中涉及的土壤离子的检验方法，通过该课的学习，学生可以利用该知识点去解决生活中的其他检验问题，例如酸雨的检验、维生素 C 的检验等。本课通过土壤酸碱性的测定、土壤离子的检验以及化肥使用的注意事项引申的离子的共存问题，构建三者之间的关系，建立思维模型，形成核心知识网，它们相互关联，相辅相成，可用一方知识解决另一方的实际问题。

2. 创建情境式驱动性问题，激发学生探究兴趣

好的驱动性问题能够更好地引发学生的思考，激发学生的兴趣，而通过一些真实特定的情境式驱动性问题，能够让学生更快地接受信息，引发思考，激发学生的创造性思维。本课利用学生在日常生活中的黄桃种植为背景，让学生切身体会到自己种植的黄桃是本地区的特产水果，从而激发学生的研究欲望。驱动性问题也需要简短明了，让学生能快速注意到重点，同时驱动性问题不仅能以文字的形式呈现，还能以图片、漫画、视频、小品等多种方式呈现。因此本课的驱动性问题设计以视频的形式展开，通过学生的对话形式引入。

真实问题的背景：学生在农耕的过程中，对于种植了比较久的黄桃树上结出的果实较小进行思考，欲对是否是因为土壤和肥料导致了黄桃果实小进行探究。

驱动性问题：学校农垦基地种植了黄桃树，希望能种植出质量好的黄桃，如何选择适宜黄桃种植的土壤和肥料。

三、发展高阶认知，促进学生深入探究

如何将学生的一些低阶认知转化为高阶认知，在项目化学习中将一些事实性知识和程序性知识提升为概念性知识是项目化学习需要做到的。学生在传统的教学中获得的知识多为散点化、碎片化的，不利于学生的深层理解，而项目化学习中强调高阶学习和低阶学习的整合，运用大量背景知识和相关技能的支撑，让学生能够深入探索，学习高阶知识。高阶认知一般分为六大类，在本课中只运用到了问题解决、系统分析、实验以及调研这四个板块，也进行了具体的说明，包括问题解决（选择适合黄桃

种植的土壤和肥料)、系统分析(构建混合离子检验的一般思路)、实验(离子的检验操作)和调研(调查黄桃的种植过程中的基本知识和方法)。

四、设计不同能力层次的学习活动,成果展示提高学生学科核心素养

项目化学习需要学生作为主导者、合作者亲身去实践体验。处理实际问题也同样不是用单一的方法去解决,而是用多角度、并行的多种形式去解决问题。因此教师设计了项目化学习内容,意在让学生能够有情境依赖,通过身份代入进行实践,学习核心知识,培养学科核心素养。

本节课分为四个环节,第一环节为项目引入,通过学生在农耕过程中碰到的实际问题引发思考。第二环节与第三环节主要围绕土壤的问题展开,从不同的角度去考虑学校土壤是否适宜种植黄桃,以土壤为载体,在学习的过程中引入数字化仪器测定土壤成分,扩展学生视野;同时以土壤离子的检验迁移到混合离子的检验,总结出混合离子检验的一般思路,提升学生证据推理与模型认知的核心素养。第四环节主要从另一个影响黄桃种植过程中的重要因素肥料展开,让学生通过研究报告加深对肥料的了解,同时通过离子共存问题,运用所学知识解决实际问题。最后通过总结,形成思维导图,同时以袁隆平院士的例子进行德育渗透,鼓励学生积极为社会做贡献,项目教学流程如图 3-27 所示。

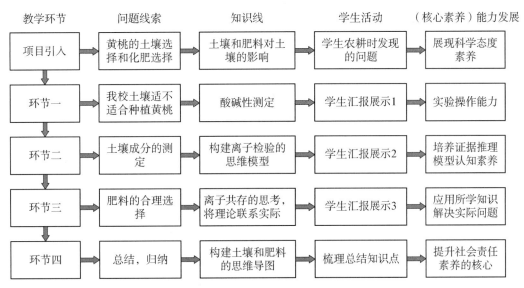

图 3-27 "如何选择黄桃种植的土壤和肥料"项目教学流程

1. 学校土壤适不适合种植黄桃?

学生通过小组合作的形式探究,确定研究目的方向与实验方法,通过简单的广泛pH 试纸测定 pH 值,再结合适宜黄桃种植的 pH 值来判断学校土壤是否适合种植黄桃,

通过实验数据对比,在课后总结结论。

 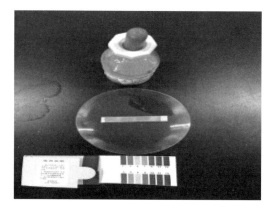

图 3-28　学生用 pH 试纸测定土壤的酸碱性

同时教师向学生展示了更精密的仪器(平头 pH 传感器),指导学生测定土壤酸碱性,进一步提升学生对土壤酸碱性测定方法的认知,感受高科技给人类带来的便利以及科学的严谨性。

土壤采样 ▷▷▷ 样品前处理 ▷▷▷ 样品分析

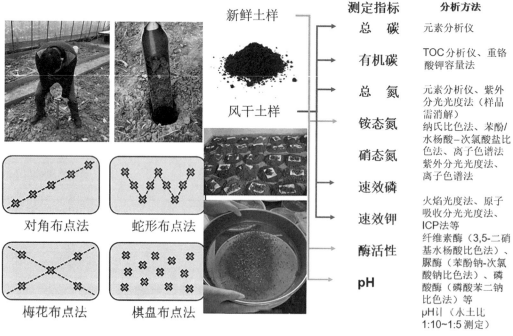

图 3-29　采集土壤的方法和测定的土壤成分分析方法

2. 如何进行土壤成分的测定？

第二组学生从另一个角度去研究学校黄桃种植环境的因素——土壤的成分。该小组通过对土壤样品的采集，研究测定，得出结论。由于学校仪器的测定能力有限，该小组到上海奉贤农科院去采访调查，利用农科院的高级设备进行了土壤样品的分析，得出结论，构建出检验的思维模型。

学生成果展示：利用火焰原子吸收分光光度法测定土壤中铬的含量。

基本操作过程：

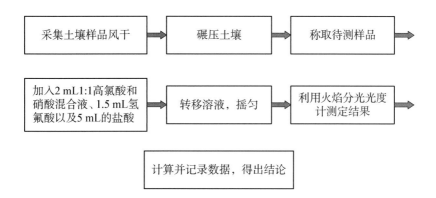

土壤样品中铬的含量 w(mg/kg)按下式计算：

$$w = \frac{\rho \times V}{m \times (1-f)}$$

式中：ρ——试液的吸光度减去空白溶液的吸光度，然后在校准曲线上查得铬的质量浓度，mg/L；

　　　V——试液定容的体积，mL；

　　　m——称取试样的重量，g；

　　　f——试样中水分的含量，%。

土壤中铬含量指标等级如图 3 - 30 所示。

金属	自然背景	二级	三级
铬	≤90	≤350	≤400

注：土壤环境质量标准

图 3 - 30　土壤中铬含量指标等级

3. 影响黄桃生长的另一因素——如何选择黄桃的肥料？

前两个小组都是以土壤的因素角度去研究对黄桃生长的影响，该小组则从肥料的角度去研究黄桃生长的影响，通过研究肥料的种类、肥料的作用以及适合黄桃种植的肥料三个角度进行了研究阐释。但在真实的情境下,肥料并不是单一使用的,学生在实际肥料选择中,出现了分歧与问题,在教师的帮助提示下,学生在混合肥料的施用过程中,利用所学的化学知识,注意到混合过程中的一些要点和注意事项,将研究引向深入。

例:请你合理选择以下一种或多种化肥,作为黄桃灌溉的肥料同时补充多种营养元素并说明原因。

氯化铵、草木灰(碳酸钾)、磷酸二氢钙(酸性)、硝酸钾、氯化钾(注:磷酸钙是难溶性物质)

在现实生活中,化肥是多种混合使用的,因为要满足多种元素的吸收,所以学生通过前面两组同学学习到的离子反应和离子共存的知识点,结合化肥使用的特点及注意事项进行分析,得出合理的化肥施用结果与配比,解决了现实中复杂的问题,同时提升了证据推理的核心素养。

通过三个小组的成果展示与分享,总结出本项目的思维导图(见图 3-31)。

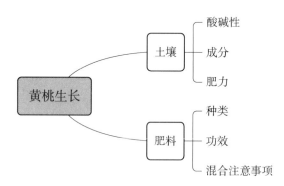

图 3-31　黄桃生长的思维导图

五、多元评价,促进学生反思与进步

项目化学习中学生应完成自评、互评以及小组评价,这不仅是对于自身的反思,也同样是对于他人的学习过程以及成果的思考和评判,从而引发更深层次的学习和理解。而教师作为引导者以及观察者,对于学生在整个项目化学习过程中的表现也有准确和客观的评价,因此在评价中同样需要教师评价。表 3-10 为"如何选择黄桃种植的土壤和肥料"项目评价量表,分为过程性评价和终结性评价,各占 30%、70%,一方面考查学生对离子检验与共存的知识学习和方法应用,另一方面注重对项目化学习的方法和过程的理解与应用。在小组团队合作中培养学生的化学学科核心素养,在引导学生解决问题、交流展示中提高学生的自信心和社会责任心。图 3-32 为某小组的总体评价。

表 3‑10　"如何选择黄桃种植的土壤和肥料"项目评价量表

评价内容	评价标准				小组内自评（30%）	小组间互评（30%）	教师评价（40%）	最终评定
团队合作（30分）	（21～30分）能够明显在小组中发挥自己的特长；是小组中不可或缺的一份子并能够互相尊重	（11～20分）有明确的分工和合作；能够承担一部分自己的职责。分享并接受他们的意见	（6～10分）可以有一定程度上的合作；有一定的贡献，但不起到主导地位或承担主要任务	（1～5分）以个人为主导，并限制他人的参与；只有最小程度的合作；几乎没有主动性				
研究报告（30分）	（21～30分）研究报告方法合理、内容完整、表述清晰，有对比分析和前景展望	（11～20分）研究报告方法较合理、内容较完整、表述较清晰，有一定的对比分析	（6～10分）研究报告方法基本合理、内容基本完整、表述基本清晰	（1～5分）研究报告内容不完整、表述不清晰				
实验探究（20分）	（16～20分）离子检验方案设计合理严谨，实验操作正确	（11～15分）离子检验方案设计合理但实验操作出现错误	（6～10分）离子检验方案设计有缺陷，实验操作正确	（1～5分）离子检验方法设计有误，操作有误				
展示交流（20分）	（16～20分）PPT制作精美、展示内容丰富完整、表述清晰	（11～15分）PPT制作较好、展示内容完整、表述较清晰	（6～10分）PPT制作一般、展示内容一般、表述基本清晰	（1～5分）PPT制作不符合要求、展示内容少、表述不清晰				

注：最终评定等级为"优（90～100）""良（75～89）""合格（60～74）"以及"需努力（60以下）"。

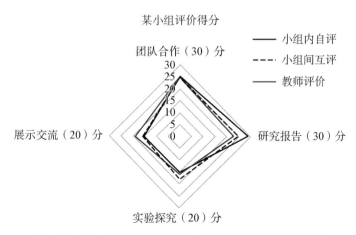

图 3‑32　"如何选择黄桃种植的土壤和肥料"某小组的评价

六、教学反思

1. 挖掘情境素材，贴近生活，以本土化为宜

选择情境素材时，要根据核心知识点及课堂的教学目标进行甄选，所选的情境素材要能够体现科学性、过程性、时代性以及挑战性，要能实现知识的系统化。贴近生活的情境，肯定更容易被学生所接受、所熟悉，方便学生着手研究。化学学科的相关知识点有些是十分抽象的，如果能将这些知识点的学习过程融合在情境素材中，那么学生就能将程序性知识和事实性知识转变为概念性知识。抽象的知识点就更好理解。如果能设计成本土化的情境，就更有助于学生理解和而开展过程探究实践，该项目将学校本土特产水果黄桃作为情境素材，让学生感到亲切和自豪，从情感上激发学生浓厚的兴趣，有助于学生的认知与学习。

2. 任务驱动，贯穿课堂教学，体现学科核心素养

项目化学习的驱动性问题是开展项目化整个进程的核心任务，不同于传统教学中课堂的引题，它是要贯穿整个课堂教学的，学生围绕这个真实的问题进行解决，它可以起到提高学生的学习动力、激发学生学习兴趣的作用。本项目中以种植出又大又甜的黄桃为任务驱动。虽然中间出现了断层，在研究其他物质离子检验的过程中，出现了不协调感，脱离了问题本身，这点是值得反思的。课后经过教师的思考，认为如果想将此项目变得更具有连续性，应该设计为两课时的任务，将离子的检验放在第二课时。种出了又大又甜的黄桃后，黄桃有非常高的营养价值，那么该如何检验黄桃营养价值的含量或者关键元素，这就能够更好地贴近离子检验的主题，也不会显得突兀。这样的设计会使整个项目化学习更加完善，学生也能将所学的知识系统化、逻辑化，更容易达到高阶认知的程度，同时提高化学学科核心素养。

3. 构建思维导图，使知识系统化，形成方法一般化

本节课的最后形成的一个学习成果就是关于种植黄桃的思维导图，根据三组学生的成果交流，通过大家对于黄桃种植过程中土壤和肥料的研究与选择，形成了最后的思维导图，这个成果不仅仅是黄桃种植过程中需要注意考虑的，同样它可以迁移到其他的种植过程中，这样学生学习到的就不仅仅是单一的物质，而是可以通过该方法去探究其他的物质，起到了举一反三的效果，形成了方法的一般化。

4. 跨学科项目化学习，多面培养学生能力，提高实际问题解决能力

跨学科项目化学习是比一般单学科项目化学习更具有挑战性的，它涉及各学科之间的关系和资源的协调，是对学校课程形态的一种重新建构。虽然面临着种种难度，但它能带来的优势和好处也很明显，它能够让学生在各学科之间建立联系，帮助学生形成多学科多角度的跨学科理解，知识之间是有联系，这更有助于学生掌握高阶知识。同时跨学科项目化学习还可以容纳拓展性课程和探究性课程，开展综合实践活动。跨学科

项目化学习也需要将各个学科的关键概念和核心知识进行整理,形成知识网络。

5. 充分利用资源,创建学生熟悉的学习环境,促进学生学习动力

本节课的内容能够完整且顺利地进行得益于学校的农垦基地这一资源,让学生能在劳作过程中引发疑惑与思考,教师也能得益于该思考结合化学知识开展真实背景、真实问题的教学设计。随着现代科学的不断发展,人类生活的不断进步,教学资源日益增多,常常需要教师善于发现可利用资源,设计出与化学知识相关联的驱动性问题,从而开展生动形象的化学教学课堂,这种课堂教学能让学生快速代入情境,碰撞出思维火花,同时生成性问题也会增多,能促进学生的参与度,真正从被动的灌输式学习转化为主动式学习,提高学生科学探究与创新精神的学科核心素养。而教师作为引导者,在学生熟悉的学习环境与背景下,能够更游刃有余地引导学生发散思维,多角度地去思考问题,得出解决方案。因此充分利用资源,不仅有利于学生吸收知识,提高素养,同时也有利于教师的教学设计,这是一种双赢的结果。

【专家点评】

本案例立足于曙光中学多年农垦历史文化的积淀,以学校属地上海市奉贤区特产水果黄桃种植的关键要素研究为出发点,聚焦黄桃种植和生长过程中涉及的离子反应理论及土壤中化肥的综合利用等高中化学的核心知识,并融入与之相关的生物、地理及人文历史等学科的知识、技能和方法,挖掘多学科的交叉点,依据项目化学习设计的内在逻辑,将低阶认知包裹于高阶认知中,规划学习的内容、情境、活动、结果和评价,呈现出教学设计的项目化转化的完整样态。学生在农耕实践中,提出了获得高质量黄桃,其关键在于"如何选择黄桃种植的土壤和施用的肥料",解构项目驱动性问题,实现问题解决,本案例设置了不同层级的能力活动任务,旨在促进学生的高阶思维能力的发展。通过实施探究性实验、调研评估和调控性实践活动,让学生自主提取、调用和迁移多学科的知识和方法,完成核心知识的再构建,在项目中提升能力,实现成长。

(娄华:上海市格致中学,特级教师、正高级教师)

第六节 "如何从海水中提取食盐"项目化学习教学案例

项目单位及负责人:上海市浦东新区进才中学南校 金丽霞

项目名称:如何从海水中提取食盐 项目时长:3 课时

版本:沪教版初中化学 年级:初三年级

项目化学习是一种新的学习形式,它能通过对一个主题设计一系列的活动,从而让学生在层层深入的活动中领悟化学学科核心素养的内涵并转化为自己的能力。本项目以沪教版初三年级化学第一章第三节"物质的提纯"中学生实验粗盐提纯为背景,结合酸碱中和反应、盐与盐之间的反应,提出"如何从海水中提取食盐"为驱动性问题,介绍了项目化学习的设计思路、操作方法、展示方式以及如何采用小组答辩促进学生思维辨析能力、语言组织能力、实验探究能力等核心素养的培养,为开展同类初中化学学科项目化学习提供参考。

一、项目简介

1. 教材分析

粗盐提纯是沪教版九年级化学第一学期第一章第三节"物质的提纯"中的板块,它是学生掌握化学实验基本操作之后一个简单的综合小实验,既是对学生实验基本操作能力的复习和巩固,也是对实验综合能力的加强。同时结合酸碱中和反应、盐与盐之间的反应进行项目化学习。本项目从海水中提取食盐,让学生在真实的环境中加深对常见的化合物的理解。能知道和书写常见盐的化学反应,能描述反应现象和书写化学方程式。

2. 学情分析

初三学生学习过粗盐提纯,能够自主完成粗盐的溶解、独立搭建过滤的装置、正确完成蒸发结晶的过程。经过对盐的性质的学习,学生还知道碳酸钠与盐酸的反应、硫酸钠与氯化钡的反应、氢氧化钠与氯化镁的反应等。但是多种物质混在一起之后,学生对于除杂就比较陌生,尤其对于滴加试剂顺序的选择上缺乏成熟的经验。

3. 课时安排

本项目化学习分为 3 个课时,分别为入项活动、实验研究、展示交流,具体内容见表 3-11,研究框架如图 3-33 所示。

表3-11　"如何从海水中提取食盐"项目学习安排

课时	研究任务	教学内容	学习成果
1	入项活动	导引:驱动性问题布置项目化学习任务; 原理学习:粗盐提纯、常见盐的性质	实验方案
2	实验研究	小组合作从海水中提取食盐	实验报告
3	展示交流	小组交流展示研究成果	汇报PPT

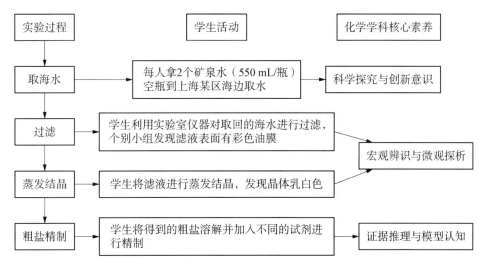

图3-33　"如何从海水中提取食盐"项目流程

二、项目设计和实施

在项目化学习的设计和实施过程中,核心知识的提炼、关键能力的梳理和高阶认知策略的确定都是后续设计的基石,必须先进行充分的理解和总结。设计驱动性问题时需要创设真实的情境,这样可以激发学生研究的兴趣,让学生体会知识的应用价值。实验中可以通过组队进行研究,通过寻找兴趣一致的成员并根据研究的需要进行自由组队,从而发挥队伍的最高效率。评价也可以多元化,从而更客观、更全面地展现学生的进步和收获。

1. 提炼核心知识,明确项目学习目标

1)核心知识

(1)独立搭建过滤装置,进行正确操作。

(2)理解过滤原理,并完成粗盐提纯实验。

(3)理解碳酸钠与盐酸反应、硫酸钠与氯化钡反应、氢氧化钠与氯化镁反应,描述反应现象并写出化学反应方程式。

(4)体会理论能够指导实验,实验能完善理论的相辅相成的逻辑关系,培养严密的

科学探究精神。

2）关键能力

（1）观察现象、分析数据、展示交流、演讲能力。

（2）根据粗盐提纯的原理，设计海水提取食盐的实验方案的能力。

（3）运用辩证的逻辑思维能力，分析实验误差的原因的能力。

3）高阶认知策略

本项目涉及的主要高阶认知策略，如实验设计、反思、问题解决、系统分析等，对培养学生的高阶思维有所提升作用。

2. 创设真实情境驱动问题，激发学生实验兴趣

学生了解粗盐提纯也初步了解海水制盐的历史，但是没有亲自从海水中提取过粗盐，所以创设真实情境驱动性问题"从海水中提取食盐"，抓住了学生的兴趣点，让学生主动投入项目化学习。

3. 组建合作学习小组，探究项目任务

1）按照兴趣异质分组，组建团队自主研究

教师首先让学生自主报名，确定 6 个小组长，然后让学生自主选择，以 4 人为一组组建学习小组。教师发现学生自由组建的学习小组内会有学习能力和素养不同层次的学生，促成良好的融合互助氛围。

2）设计优化实验方案，体验食盐提纯过程

从上海某区的海边取 6 瓶 550 mL 的天然海水，每个小组 2 瓶海水。学生首先设计了将海水过滤、蒸发结晶。但是所得到的晶体并不是纯净的白色，而是有些乳白色，个别小组得到的晶体还是偏黄的。于是学生考虑晶体中除了氯化钠之外还可能有其他的杂质离子。学生通过网络数据库进行搜索学习，最终发现了含量较高的、不能作为食盐成分的杂质离子。然后学生进行方案的优化，增加了粗盐提纯的步骤，加入了蒸馏水、氯化钡溶液、氢氧化钠溶液、碳酸钠溶液、盐酸溶液。学生设计方案，对比研究了改变试剂滴加的顺序和滴加试剂的用量对氯化钠产量的影响。

（a）过滤海水　　　　　（b）滤液出现油膜　　　（c）海水蒸发结晶得到的粗盐呈乳白色

图 3-34　学生在学校实验室从海水中提取粗盐

3）制作 PPT 报告,分享项目研究成果

第三课时中,学生按照"实验操作步骤、实验现象分析、实验数据分析、实验操作反思、小组答辩"的流程进行汇报。每个小组都精心制作了 PPT,在报告中学生谈及了滴加顺序的不同导致最后氯化钠产量的显著变化,不控制滴加的试剂量也导致有的学生氯化钠产量是其他同学的 200 倍的夸张结果,让学生体会到定量实验、预先计算精准用量的重要性。学生也分享了整个实验中团队成员间紧密合作、明确分工的重要性。在小组答辩环节,实验汇报人也接受了其他小组的提问,在辩论中汇报人也感受到了自己实验中的不足,通过相同实验主题、不同的实验细节造成的不同结论,让学生更加重视科学的严谨性和细节的精准性。

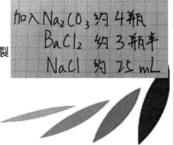

图 3 - 35　学生通过制作 PPT 展示研究过程和实验反思

4. 注重过程性评价,多维度评价激励学生

对学生的评价要全面、客观,对学生的高阶思维、高品质项目作品的完成过程要评价到位,学习方法及学习表现也要尽量评价到位,以做到通过多维度评价激励学生。

表 3‒12 "海水中提取食盐"项目化学习评价量表

班级_____ 项目研究小组组员_____ 评价人_____

评价指标	表现标准	分值	表现水平							
			自评	师评	互评					
					小组1	小组2	小组3	小组4	小组5	小组6
实验方案	可行性:实验试剂和仪器选择合理,操作步骤简单,实验数据采集容易									
	创新性:实验方法有创新或更简便									
实验过程	严谨性:研究过程按照方案认真执行,有拍照、记录详细、数据记录真实									
	团队合作性:小组成员分工明确、执行到位,互相协商改进									
交流展示	逻辑性:实验过程描述有较强的逻辑性、难点问题解释清晰能懂									
	科学性:语言叙述简洁、科学,没有科学性错误									
小组答辩	参与度:所有小组成员参与答辩									
	指导性:答辩过程中解决的问题对他人有启发、有指导意义									

三、项目化学习反思

1. 项目化学习驱动性问题的选择:与知识点相关的工业操作流程再体验

项目化学习驱动性问题的选择有多种角度,可以是工程类、学科类、环境保护类、生活相关类、社会现象类等。通过"海水中提取食盐"的项目化研究可以发现,生活相关类的驱动性问题能激发学生的探究热情,也容易让学生提出一环紧扣一环的问题链,所以教师可以结合当前教学知识进度,提出一些生活相关类问题,可以是与课内知识点相关工业上操作流程的再体验。

比如，在"在海水中提取食盐"的案例中，学生每天食用食盐，也知道海水晒盐是食盐来源的主要方式，但是他们不清楚真正的生产工艺流程，对此充满好奇。于是，教师大胆尝试，提出了驱动性问题"如何从海水中制取食盐"，生活在海滨地区的学生对海水有很强的亲切感，又对生活中的食盐非常熟悉，所以马上调动了学生的研究兴趣。当教师提供了某区的海水后，学生又产生了新的问题："海水那么脏，怎么能变成纯净的食盐呢?"。于是学生根据课本知识设计了过滤操作、蒸发结晶。可是看着偏黄的晶体，学生马上意识到还是没法食用，于是学生提出"为什么晶体是偏黄的"的问题，通过文献研究他们发现了晶体中含有杂质离子。接着学生又提出"如何除去这些杂质，而不影响食盐的产量"的问题。经过反复实验，学生又新奇地发现食盐的产量比原来的数值有很大的提升。学生又提出"为什么氯化钠增加那么多"的问题，根据疑惑学生重新回头审视了除杂反应的原理，发现原来每一步添加试剂除杂的同时生成了氯化钠，所以最终产量增加了。

这个案例中，教师结合教学知识进度提出了生活相关的驱动性问题，从而调动了学生探究的热情，接下来的研究就非常顺利了，在学生的一环扣一环的提问中不断深入推进，最后又回溯基本的原理，发现了工业产食盐增加产量的方法，每一步试剂的添加要考虑不引入新杂质，而不引入新杂质必然要利用原来的氯化钠中的某一种离子，也就无形中增加了氯化钠的产量，这也是工业上提高产量所需要的思想。

2. 实验类学生活动设计：增强学生动手能力，发展学生高阶思维

项目化学习学生活动设计中有很多类型，如调查类活动、实验类活动、设计类活动等。实验类学生活动可以通过实验方案的设计、研讨、执行、反思、评价的步骤进行，每一步骤都需要小组 4 个学生的充分讨论，在记录环节也需要学生仔细观察并记录实验细节、对实验特殊现象、操作具体步骤拍摄视频，确保详细记录所有的实验信息，这样在经历过整个实验活动后，学生收获的不仅是实验类项目活动的程序，还提升了学生辨析、评价等高阶思维。

比如，在"在海水中提取食盐"的案例中，学生组成学习小组后会对实验方案进行一定的设计。组长首先做了一个框架化的设计，然后与小组成员一起探讨实验方案设计是否合理。小组成员根据自己查找的资料和对知识点的理解，提出自己的修改意见。在框架确定后，小组成员又对细节进行一步步的确认，包括需要仪器的种类和数量，仪器使用如何避免错误操作，如何更好地减少实验步骤，等等。最终确定实验方案后，小组成员根据自己的擅长点认领相应的任务。在整个过程中，小组成员间从设计方案、质疑方案、评价方案、协调方案到分工，他们的思维深度在逐渐加强，评价方案使他们的高阶思维有所发展，协调方案和认领任务又让他们的合作意识和自我认知得到了巩固。

在小组的组建中，4 个学生为一组更容易促进相互间的合作和协商。从实验设计开始,各位组长就根据组员的不同特长分配了不同的任务,有的负责过滤和蒸发结晶,有的负责称量和计算,有的滴加试剂并反思结果。通过合作实验,大家发现过滤时有些溶液过滤不干净,有的过滤速度特别慢,于是他们不断调整溶液加入的速度以及研究滤纸的选择。甚至在滴加试剂后的悬浊液过滤时,有一组学生的滤液始终呈现白色胶体状,经过研究发现氢氧化镁沉淀是很难被完全过滤。在蒸发结晶的过程中,如何使晶体受热均匀,到实验后期是比较难的,很难保证晶体完全干燥而且不飞溅,学生在不断地摸索和尝试。滴加试剂除杂时,学生也从控制胶头滴管手不稳逐渐进步到滴加自如,还能准确地控制量的多少。所有的合作过程,让学生的实验动手能力得到了显著的提高,实验操作也更加娴熟了,对仪器的认识也加强了,后期更学会了根据各种仪器的特点选择合某一步操作的仪器,使他们的实验能力得到了很大的提升。

3. 项目化学习成果展示:小组答辩,提升学生表达能力

项目化学习成果的展示可以是以实物展示的方式,也可以是以成果汇报的形式。成果汇报的形式可以是小组汇报,也可以是小组答辩。根据本案例的经验,小组答辩更能促进小组成员本身对项目的钻研深度,也能培养小组成员的语言组织能力,也可以培养其他小组成员的接收信息和辨析信息能力。

比如,在"在海水中提取食盐"的案例中,6个小组每次交流完之后都要进行现场的答辩,接受其他小组的随机提问。这样的形式不仅督促每一个小组在上台前要做足准备,对每一个环节都研究透彻了如指掌,还需要语言表达能力强、应变能力强。对于台下其他小组的学生,也培养了他们认真听讲解的好习惯,同时也考验他们短时间内接受信息、辨析信息和组织提问语言的能力,是否能在简短的提问中切中关键点,发现台上汇报同学的逻辑漏洞、操作关键和数据分析的方法,对他们的评价是否精准。这种小组答辩的方式,提升了学生的多项能力的培养,是有效的成果展示方式。

本项目化学习成果是通过课堂中学习到的提纯步骤得到精盐,但是发现为了除掉杂质,所加试剂过多从而生成了较多新的氯化钠。那么为了除杂而加入的试剂的成本是多少,生成的氯化钠的收益是多少,两者相比较得到的差值是否被实际市场所接纳。这些问题在接下来"在海水中提取食盐"的成果设计中将进一步研究。这就是项目化成果需要获得理论和实践的平衡。我们的研究是为了社会的需要,为了造福人类,所以必须在实践的指引下,灵活运用理论,让理论更有价值,得到升华。

项目化学习是学生基于现实生活,在一定知识背景下研究的过程。在研究中,学生能获得更真实的体验,更能理解生活问题在历史变化中的演变过程,也能发现目前还存在的缺点,从而提出需要改进的地方。项目化研究需要大量的研究时间,教师要有耐心,给予学生充分的时间进行研究和讨论,让学生的思维能力、动手能力、合作意识得到充分的发展,更好地提升学生的化学学科核心素养。

【专家点评】

项目化学习由一个主题出发设计一系列活动,让学生在环环相扣的活动中进行学科学习并提升学习能力。本教学案例的主题是"从海水中提取食盐",涉及的学习活动包括实验(溶解、过滤、加热蒸发等)、化学反应(复分解反应)原理、试剂添加顺序、除杂手段乃至化学计算等,从内容上考虑,涉及面较广,学习内容丰富多彩。也正因为"牵一发动全身",学生有了自主学习的动力和依据,无论是学习准备、实验设计还是小组学习、理论探讨,都有了比较自然可循的思路或方向,学习过程也是扎实有效的。

该教学案例的特点是它的真实性,即书面设计及反思与实践过程的高度吻合。比如实验用海水是直接在郊区海边用矿泉水瓶提取的,蒸发时晶体飞溅、溶液颜色与预想的不同,产量夸张到 200 倍,等等,这些情节显然是来自实践的。

假定取 100 g 经过滤蒸发结晶的粗盐,内含硫酸根离子、镁离子、钙离子各 3 g,将这 100 g 盐溶解后可能有部分硫酸钙已沉淀。为除去余下的可溶性杂质需再加入氯化钡、氢氧化钠、碳酸钠和盐酸溶液,又假定这些试剂都是正好适量的,那么由氢氧化钠和碳酸钠带入的钠离子究竟有多少,这些钠离子折算成氯化钠有多少克,到底是在除杂还是在变相使用试剂新制氯化钠,如果仅为食用,究竟有没有必要花费高成本去严格提纯……诸如此类的实验辨析和理论探讨其实也非常有趣,具体且深刻,建议在进一步的设计中予以关注。

(郑胤飞:上海市浦东教育发展研究院,特级教师、正高级教师)

第七节 "如何在实验室制取常用气体"项目化学习教学案例

项目单位及负责人:上海市奉贤区实验中学 陆海霞

项目名称:如何在实验室制取常用气体 项目时长:3课时

教材版本:沪教版初中化学 年级:初三年级

项目化学习主要指学习者围绕具体的学习项目或者任务,有目的地充分选择和利用各种可用的学习资源和工具,在亲身体验、内化吸收、实践探究中完成项目任务,从而获得完整而具体的学科知识,并形成所需的实践技能。

初三化学,学生要学习多种气体的相关性质,研究物质的性质的主要途径就是进行相关实验。如何在实验室制取这些气体也是学生非常感兴趣的。气体制取是初三学生应掌握的基本实验技能,也是化学中考的重点考查内容之一,在初中化学教学中占有非常重要的地位。本项目以"氧气的制取"为基础,学生通过自主复习,采用分析、比较、归纳的方法,获得完整的制取气体的方法,并研究得出如何在实验室制取氢气和二氧化碳。

一、项目设计

"氧气的制取"是初三化学第二单元第二节的内容,通过氧气制取的学习,学生学会仪器的连接、装置的搭建、气体制取的一般思路和方法。学生在第四单元将要学习二氧化碳的性质,在第六单元学生要学习氢气的性质,在学习相应气体性质之前,学生应学会如何制取气体。因此,本项目化学习内容安排在"氧气的性质"后开展。

在学习了氧气的制取后,学生对实验室里如何制取气体已经有了初步的认识,但是这种认识是在教师的引导下进行的,比较浅显。因此,本项目需要学生通过自主复习的形式先归纳制取氧气的一般流程。由于初三学生动手实验经验缺乏、相关实验技能薄弱,因此在进行本项目之前,学生应先到实验室完成"氧气的制取"相关学生实验,熟悉相应实验操作。由于氢气和二氧化碳的内容学生还未学习,因此学生先查阅资料,再进行分组,通过小组讨论、比较、实验探究,研究得出如何制取氢气和二氧化碳。

1. 核心知识

1) 主要知识与技能

(1) 巩固实验室制取氧气的原理、装置与操作。

（2）知道实验室制取氢气和二氧化碳的反应原理和装置。

（3）学会安全规范地制取氢气和二氧化碳的操作。

（4）归纳实验室制取气体的一般思路和方法。

2）关键能力

（1）归纳、调查、比较、展示交流的能力。

（2）实验动手、观察、分析、反思的能力。

2. 高阶认知策略

高阶认知策略的设计可以让学生经历高质量的项目化学习。本项目的主要高阶认知策略包括问题解决、实验、系统分析等。

3. 驱动性问题

1）本质问题

如何在实验室制取常用气体？

2）驱动性问题

街上有很多五颜六色的气球出售，非常漂亮，孩子非常喜欢。这些网红气球里面装的是氢气，如果把氢气换成二氧化碳，气球还飞得起来吗？如何在实验室中制取氢气和二氧化碳呢？

4. 项目成果

1）个人成果

制取氢气球和二氧化碳气球。

2）团队成果

4～6人为一组，选择在实验室制取氢气和二氧化碳的原料，选择合适的装置制取并收集氢气和二氧化碳，撰写气体制取的实验报告，并填写自评和互评量表。

5. 项目课时安排及流程

1）课时安排

本次项目化学习分成三个课时，分别是入项活动（复习归纳和调查研究）、实验研究（小组合作制取二氧化碳或氢气）和展示交流，项目课时安排如表3-13所示。

表3-13　"如何在实验室制取常用气体"项目课时安排

课时	研究任务	内　　　容	学习成果
1	入项活动	布置项目化学习任务 复习：氧气的制取 归纳：制取气体的一般流程及装置选择 分组及选择研究内容	实验方案、调查成果

（续表）

课时	研究任务	内　　容	学习成果
2	实验研究	小组合作研究合适的实验室制取氢气或二氧化碳的方法	实验报告、汇报PPT
3	展示与评价	① 小组展示交流研究成果 ② 项目评价 ③ 项目总结	项目研究报告

2）流程图

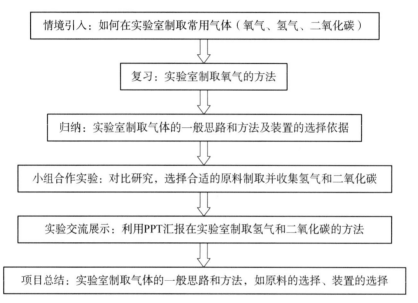

图 3-36　"如何在实验室制取常用气体"项目流程

二、项目实施过程

本项目分三个课时，分别是入项活动、实验研究、展示与评价。本项目以在实验室如何制取氢气和二氧化碳为载体，学生要查阅能够产生二氧化碳和氢气的反应，通过小组实验探究，比较哪种更适合在实验室制取二氧化碳和氢气，本项目采用探究性实践、调控性实践和技术性实践等学习方式。

1. 入项活动

环节一：启动项目，明确研究任务

【引入】观看关于二氧化碳和氢气用途的视频，在实验室如何制取并收集氢气和二氧化碳呢？

【过渡】我们学习过哪些气体的制取？之前我们已经掌握了氧气的实验室制法，在实验室是如何制取氧气的？

【复习】氧气的制取。

【归纳】制取气体的一般思路:选择原料→选择装置(发生装置、收集装置)→气体的检验和验满。

环节二:建构框架,明确驱动性问题

驱动型问题:集气瓶中的氢气和二氧化碳在实验室中是如何制取的?

【提问】实验室制取氢气和二氧化碳应选择什么原料?

实验室制取氢气和二氧化碳应该选择什么类型的发生装置和收集装置?

如何检验和验满氢气和二氧化碳?

实验室制取氢气和二氧化碳的操作步骤是什么?

环节三:理论学习,学会选择合适装置

【学生实验】利用所给仪器组装实验室制氧气的装置,如图 3-37 所示。

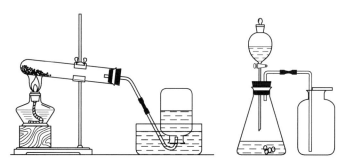

图 3-37　学生组装实验室制氧气的装置

【提问】气体发生装置选择的依据是什么?

【学生回答】反应物的状态和反应的条件。

【提问】气体收集装置选择的依据是社么?

【学生回答】气体的密度及其在水中的溶解性。

【问题】甲烷通常情况下是一种无色、无味、密度比空气小的气体,极难溶于水。实验室里用加热无水醋酸钠和碱石灰固体混合物方法来制取甲烷。请利用桌面所给仪器组装制取甲烷的装置。

【学生回答】利用所给仪器组装制取甲烷的装置。

环节四:合理分组,实现优势互补

只有将学生科学合理地分组,学生们才能在小组实践合作中获得知识,增长才干,实践活动才能更高效。

【分组】教师先将学生进行分组,每组 4~6 人。分组的依据是学生的能力和素养,将学生分为 A、B、C 三个档次,A 档学生是化学相对优秀的同学,担任小组组长,B、C 档学生实现平均分配。

分组之后,教师要督导各小组进行合作并认真探究。

2. 实验探究

环节一:查阅资料

学生利用课后时间查阅资料,了解并记录能够产生氢气、二氧化碳的相关反应以及二氧化碳检验、验满的方法。

环节二:交流并设计实验方案

【交流】学生对比各种产生二氧化碳和氢气的反应,比较它们的优缺点,设计制取氢气和二氧化碳的方案,最终根据自己的方案设计制取氢气和二氧化碳的装置。

环节三:修订并完善方案

【实验】进入化学实验室,选择自己需要的化学药品,通过实验验证方案的可行性。通过对比,选择最优方案。根据最终方案,在实验室制取并收集氢气、二氧化碳,拍摄视频。

环节四:形成成果

小组合理分工,撰写实验报告及制作汇报 PPT。

3. 展示与评价

环节一:展示交流实验成果

每组派出对应的代表,先陈述小组成员在该项目中的分工,然后再从原料、发生装置、收集装置、实验过程、气体的检验和验满等方面进行阐述。

环节二:评价并提问

其他小组成员及教师从查阅资料、实验方案、实验过程、实验报告等个各方面进行评价,并提出相应的疑问,各个小组长负责答辩。

环节三:项目总结

【总结】制取气体的一般思路和方法。

【归纳】制气体药品选用原则:① 所得气体较纯净;② 原料便宜易得;③ 操作简单,反应条件要求不高;④ 反应速率适中,安全且容易控制。

【交流】项目的学习方法及体会。

表 3−14 "如何在实验室制取常用气体"项目评价量表

评价内容	评价标准	小组自评(30%)	小组互评(30%)	教师评价(40%)	最终评定
查阅资料(10分)	能够找出五个以上产生氢气或二氧化碳的反应				
实验方案(30分)	能够选择合适的原料制取氢气和二氧化碳(10分) 装置简单、操作安全(10分) 实验方法有创新或实验装置有改进(10分)				

（续表）

评价内容	评价标准	小组自评（30%）	小组互评（30%）	教师评价（40%）	最终评定
实验过程（20分）	实验过程有图片、视频等资料（5分） 实验操作规范（5分） 根据小组成员的特长合理分工（5分） 有合作交流，能够互相尊重（5分）				
实验报告（20分）	研究报告实验方案设计合理、内容完整、表述清晰（10分） 对实验结果进行反思，改进实验，使方案优化（10分）				
展示交流（20分）	PPT制作精美、展示内容丰富完整、表述清晰（10分） 能回答他人提出的疑问（10分）				

三、成果展示

学生的成果包括反应原理、装置设计、实验方案、现象等，成果展示如图 3－38 所示。

产生二氧化碳的反应

$$C+O_2 \xrightarrow{\text{点燃}} CO_2$$

$$2CO+O_2 \xrightarrow{\text{点燃}} 2CO_2$$

$$H_2CO_3 \xrightarrow{\triangle} H_2O+CO_2\uparrow$$

$$C+2CuO \xrightarrow{\text{高温}} 2Cu+CO_2\uparrow$$

$$CO+CuO \xrightarrow{\triangle} Cu+CO_2$$

$$CaCO_3 \xrightarrow{\text{高温}} CaO+CO_2\uparrow$$

$$CaCO_3+2HCl == CaCl_2+H_2O+CO_2\uparrow$$

$$Na_2CO_3+2HCl == 2NaCl+H_2O+CO_2\uparrow$$

实验方案	实验现象	反应速率
① 碳酸钠粉末和稀盐酸	因为反应速度太快，达不到平稳易收集的效果	
② 大理石粉末和稀盐酸	反应速度太快，达不到平稳易收集的效果	
③ 块状大理石和稀盐酸	有大量气泡产生，且平稳适中	
④ 块状大理石和稀硫酸	不能用稀硫酸	
	反应生成微溶于水的 $CaSO_4$，覆盖在大理石表面，阻止反应	
⑤ 块状大理石和浓盐酸（浓盐酸具有挥发性）	不能用浓盐酸，浓盐酸具有挥发性，挥发出氯化氢气体而使 CO_2 不纯	

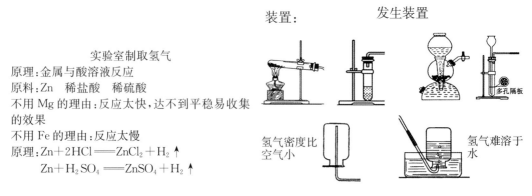

实验室制取氢气
原理:金属与酸溶液反应
原料:Zn 稀盐酸 稀硫酸
不用 Mg 的理由:反应太快,达不到平稳易收集的效果
不用 Fe 的理由:反应太慢
原理:$Zn+2HCl=ZnCl_2+H_2\uparrow$
　　　$Zn+H_2SO_4=ZnSO_4+H_2\uparrow$

装置:　　　　　　　发生装置

氢气密度比空气小

多孔隔板

氢气难溶于水

收集装置

图 3-38 "如何在实验室制取常用气体"项目学生装置设计

四、项目实施反思

1. 项目实施效果

本项目计划 3 课时完成,实施效果较为理想。

1) 提升学生的参与度

在传统的教学中,学生参与程度主要取决于学生的自觉和努力,传统的教学方式——听、记、背、默较为枯燥乏味,尤其在化学学科中,很多学生认为学好化学就是通过机械地背默,这种错误的认识常常会使一些学生逐渐失去学习化学的兴趣,他们的学习往往是被动学习,是在家长、老师的督促下被动地去接受。长此以往,这些学生课堂参与度越来越低。

本项目化学习中,学生通过自主探究最终掌握如何在实验室中制取氢气、二氧化碳,改变了传统的教学模式,学生的参与程度大大提高。学生必须通过小组合作完成一项又一项的任务,这些任务有易有难,各个层次的学生都能参与,都能获得满足感,提高了学生的学习兴趣。这次最令人惊喜的是展示与评价环节,负责汇报成果的学生不全是各个小组组长。某小组成员 A 平时学习化学热情不高,但在本项目化学习中制作了精美 PPT,汇报时条理清晰,令人惊喜。教师通过对教学内容进行深入挖掘,精心寻找与学生生活密切相关的化学项目,将知识融入项目解决的过程中。教学实践证明项目化学习方法再次点燃了学生的学习热情,学生能以轻松愉快的心情解决生活中的真实问题,感受化学学科的价值,同时提升学生核心素养。

2) 培养学生团队合作意识

新的时代需要新的人才,现在的学生肩负着我们中华民族从"富起来"到"强起来"的重任,提高学生素养是重中之重。现今社会竞争激烈,需要具有创新意识和竞争意识的高素质人才,但人具有社会属性,要在群体中实现个体价值,只有将个体的力量集合起来,才能最大限度地发挥个体潜能。

本项目化学习,学生 4～6 人为一组,每组都有 A、B、C 三个梯队的学生,他们共同合作研究如何在实验室制取氢气和二氧化碳。在研究原料的选择时,A 档学生可以发挥他们的优势,在实验探究和展示交流环节,B 档和 C 档学生也能发挥自己的特长,在这个过程中培养学生"各司其职"的团队合作精神。项目化的学习方式,采取组内自评、组间互评、教师评价等方式,表扬合作意识高、团队精神强的小组,每个小组成员共享小组成绩,通过相应的激励机制,大大调动了成员合作的积极性。

3)培养学生实验创新能力

在化学学习中,学生的实践操作能力是非常重要的。因此在化学教学中,教师必须重视培养学生的实验操作技能,教师还要顺应现代教育的发展,重视培养学生的创新能力。在本项目化学习中,学生通过实验选择合适的方法制取氢气和二氧化碳,既熟悉了实验基本操作,又培养了对比、观察等能力。

如何验满氢气?学生首先考虑用燃着的木条放在集气瓶口来验满,后来又有学生提出氢气会在空气中被点燃,若不纯且达到爆炸极限会爆炸。学生以此为基础,设计出多功能瓶收集并验满氢气。通过该过程,学生的实验创新能力也得到了提高。

2. 项目化教学存在的问题及解决方法

1)存在的问题

教师很难掌握每一位学生的学习任务完成的情况,对学生在学习过程中出现的问题不能及时发现,长此以往,个别学生不懂的知识越来越多,会产生厌学情绪。初三学生学习任务重、时间紧,没有充足的精力和时间去完成项目。

2)解决方法

合理分组,调动小组成员学习的积极性。选择一名组织能力强的学生当组长,及时向教师汇报学习中遇到的困难和组里每位学生的学习情况,使问题得到及时解决。还可以让项目化学习的时间更加灵活化,学生可以利用课余时间进行资料收集、方案设计、PPT 制作等工作。

3. 项目化学习教学反思

1)设计驱动性问题,推动学习进程

项目化学习以问题为线索驱动教学,问题是项目化学习的核心,这个问题就是驱动性问题。驱动性问题的设计决定了项目化学习的成效。在项目化学习过程中,学生依靠驱动性问题维持注意力,在解决问题的过程中,学生不断补充知识,跟进能力,激发出自我学习的需要,从而主动去学习。驱动性问题促进学生建构知识并获得技能,促使学生将探究的各种观点结合并获取最终成果。

在"如何在实验室制取常用气体"项目化学习中,学生需要掌握实验室制取氧气、氢气、二氧化碳的原理、装置与操作,可以通过学生的探究获得,因此将本节课的驱动性问题设计为:集气瓶中的氢气和二氧化碳在实验室中是如何制取的?为了让学生持续地进行研究,又安排了驱动性子问题:实验室制取氢气和二氧化碳应选择什么原料?实验室制取氢气和二氧化碳应该选择什么类型的发生装置和收集装置?如何检验和验满氢气和二氧化碳?实验室制取氢气和二氧化碳的操作步骤如何?学生根据这些子问题,通过查阅资料、实验探究等方式展开了持续地探究。

2)注重评价,提升素养

项目化学习中的评价不仅仅是"测量",更能促进学生深入学习。项目化学习的评价实际就是在考查学生的能力以及是否能解决问题。项目化学习的评价重视应用、聚焦能力、关注学生运用知识的过程。项目化学习的评价标准不仅仅是最终的成果,它需要将过程性评价贯穿于整个学习过程。只要是有价值的学习结果都应该得到肯定,这样可以培养学生各方面的能力。教学评价应根据教育理论中的三维目标来设计,包括知识与技能、过程与方法、情感态度与价值观等。基于三维教学目标,通过项目评价不仅可以帮助教师优化教学,改善学生学习品质,还可以帮助学生更好地了解自己的优势和不足。根据实验课的特点,应用项目化教学的实验课应主要围绕知识与技能、过程与方法进行评价。

在"如何在实验室制取常用气体"项目化学习中,编制评价量表时体现过程性评价的理念,设计的指标尽可能地包含学生的全部学习过程。设置的指标不仅有化学知识的学习情况,还包含学生的核心素养。评价的目的在于客观地反映教学情况,促进学生调控自身的学习行为,获得积极的情感体验。

项目化学习以教师为主导,以学生为主体,教师在项目化学习的过程中要完成咨询、指导、解疑等工作。因此,教师需要储备更完整的专业技术,提升自己的专业功底,才能帮助学生顺利开展项目化学习。

[专家点评]

本案例的项目设计科学合理,选题有很强的应用价值,文献材料收集翔实,综合运用了所学知识解决问题,所得数据合理,结论正确,有创新见解。项目化后知识处理也比较精彩,知识体系没有被打乱,学生的实验技能也得到提高。分组教学既兼顾到每一个小组,又照顾到团队中每一个成员。小组汇报时,通过组代表汇报,本组学生补充及其他组学生质疑的方式来保证一部分学习热情不高的学生也能积极参与。

今后要进一步研究项目化学习的教学实践,将知识融入项目解决的过程中,让项目化学习方法再次点燃学生的学习热情,让学生能以轻松愉快的心情解决学习中的真实问题,感受化学学科的价值,同时提升学生核心素养。

(徐建春:上海市松江二中,特级教师、正高级教师)

第八节　"如何利用植物自制酸碱指示剂" 项目化学习教学案例

项目单位及负责人：上海市奉贤区古华中学　　高平

项目名称：如何利用植物自制酸碱指示剂　　　　　项目时长：3 课时

版本：沪教版初中化学　　　　　　　　　　　　年级：初三年级

　　通过初一年级科学和初三年级化学对溶液的酸碱性的学习，学生对酸碱指示剂和测定溶液酸碱性有了一定的知识储备，积累了一定的实验操作能力。但是学生如何检测生活中出现的溶液的酸碱性，缺少有效的试剂。本项目重点是学生寻找身边的酸碱指示剂，并自制酸碱指示剂。本项目以小组合作进行实验研究的方式，让学生在项目化学习的过程中发展学生证据推理、科学探究、创新意识、科学精神等核心素养。学生通过独立思考、组内合作、组间交流等学习方式参与项目，其合作意识、交流表达能力得到培养。学生研究真实的化学事件、有学科价值的社会问题，发展了社会参与意识。

一、项目设计

　　本项目是在沪教版初三年级化学的"走进溶液世界"单元基础上，进行项目化教学研究，用"如何利用身边的物品自制酸碱指示剂"的驱动性问题作为项目载体，重构学习任务，通过设计实验，掌握检验溶液酸碱性的方法。

1. 教材分析

　　以学生发展为本是中学化学的课程理念，注重化学学科的核心素养的培养是课程实施过程中的重要环节。因此，如何创造条件让学生全程主动参与学生活动是本项目教学设计的主旋律。提高学生对该部分知识的掌握，更倾向于培养学生的动手实践、合作探究的能力。在此之前，学生已学习了溶液的相关知识。本节内容从单元整体的角度看是对溶液的补充和深化，也为第五章"初识酸和碱"的学习奠定基础。从整个初三教学的角度看，又是对酸碱知识的初步介绍，而且到高中阶段也有酸碱知识及指示剂的相关学习。因此，本项目的知识内容建立在学生已有知识经验的基础之上，起到承前启后的重要作用。

2. 学情分析

在初一科学第八章的内容中,学生已经对溶液的酸碱性的知识进行了初步学习。此时学生刚刚结束第三章第二节溶液的学习,通过第三章第一节水的性质部分也了解到二氧化碳与水反应生成的碳酸能使紫色石蕊变红色等。因此,学生对于溶液的酸碱性并不陌生。但是,对于如何测定溶液的酸碱性的动手实验的机会并不多,也没有系统整理和深入研究。本项目要让学生动手实验,得出结论,提高化学学习兴趣,感悟化学在生活、生产中的重要意义。

3. 核心知识

1)主要知识

(1)知道溶液有酸性、碱性、中性之分。

(2)寻找身边可做酸碱指示剂的植物。

(3)学会自制酸碱指示剂。

(4)体会化学与生活的紧密联系,培养科学的探究意识。

2)学科关键概念或能力

(1)通过实验探究,形成勤于思考、敢于探究的优良品质,应用所学知识解决实际问题,感受化学学习的魅力。

(2)学会欣赏酸碱指示剂与酸碱反应中奇妙的颜色变化之美,感受化学与生活的密切联系。

4. 高阶认知

主要的高阶认知策略包括问题解决、系统分析、实验等。

5. 驱动性问题

本质问题:在炒好的紫甘蓝叶上浇一些醋,为什么会变成红色?

驱动性问题:如何利用植物自制酸碱指示剂?

6. 项目成果

1)个人成果

设计自制酸碱指示剂的实验方案、PPT。

2)团队成果

4~6人一组,团队合作,设计实验方案并动手实验,研究利用身边酸性、碱性、中性溶液检测选择的植物能否作酸碱指示剂,撰写实验报告,填写自评与互评量表。

7. 项目流程及课时安排

1）流程图

自制酸碱指示剂

项目的确立 ⟶ 项目的规划 ⟶ 项目的执行 ⟶ 项目的成果

	哪些植物可做酸碱指示剂	查阅资料:选择可能作为酸碱指标剂的植物	通过查阅资料,并整理资料。形成个人成果
理论探究:如何利用植物自制酸碱指示剂	如何提取植物中的色素?如何检测提取的色素汁是否能做酸碱指示剂	根据小组选择的植物,确定提取色素汁的方法,并检测能否作为酸碱指示剂	小组合作进行实验,并拍摄视频和照片,记录实验现象,撰写实验报告,形成团队成果
实验探究:提取不同植物中的色素汁,检测能否作酸碱指示剂	还有提取色素汁的方法吗?如何测定身边溶液的酸碱性	小组组长汇报实验过程,小组互评,交流改进实验方案	小组成员通过交流讨论制作PPT,形成团队成果

图3-39 "如何利用植物自制酸碱指示剂"项目流程

2）课时安排

本次项目化学习分成三个课时,分别是入项活动(复习归纳和调查研究)、实验研究(小组合作完成酸碱指示剂的制作)和展示交流,项目课时安排如表3-15所示。

表3-15 "如何利用植物自制酸碱指示剂"项目课时安排

课时	研究任务	内 容	学习成果
1	入项活动	复习:酸碱指示剂 归纳:可选做指示剂的植物 分组及选择研究内容 布置项目化学习任务	实验方案、调查成果
2	实验研究	小组合作提取植物中的色素,并通过实验检测能否作为酸碱指示剂	实验报告、汇报PPT
3	展示与评价	① 小组展示交流研究成果 ② 项目评价 ③ 项目总结	项目研究报告

二、项目实施过程

溶液的变色可以展现化学之美。为激发学生学习兴趣,以"在炒好的紫甘蓝叶上浇一些醋,为什么会变成红色"作为开篇,并阅读科学话史"波义耳与酸碱指示剂的发现"。在自然界中,有许多植物都有着不同的颜色,这些植物的某些部位提取的色素能够作为酸碱指示剂吗? 选择身边植物中鲜艳颜色的部位,通过研碎、酒精和热水浸泡过滤等步骤提取色素,再利用家中白醋、食盐水和苏打水检测提取的色素能否作为酸碱指示剂?

1. 入项活动:真实情境的创设,促进核心知识构建

【环节一】引入情境:在炒好的紫甘蓝叶上浇一些醋,为什么会变成红色?

【环节二】：复习旧知，教师演示实验紫色石蕊和无色酚酞遇酸性溶液、中性液体和碱性溶液变色情况。学生归纳总结指示剂变色情况。

【环节三】阅读科学话史"波义耳与酸碱指示剂的发现"，选择可能作为酸碱指示剂的植物。

【环节四】选择提取植物中色素的方法。

2. 实验探究：合作探究，形成项目成果

【环节一】教师先将学生进行分组，每组 4～6 人。分组的依据是学生的能力和素养。各小组选择不同的植物部位提取色素。小组成员通过团队合作，设计实验方案并动手提取色素汁。

【环节二】利用家中的食盐水、白醋、苏打水检测提取的色素汁能否作为酸碱指示剂。

【环节三】小组合理分工，撰写实验报告及制作汇报 PPT。

3. 展示拓展：交流探讨，汇报成果

【环节一】小组代表分享交流提取色素的过程和检测色素汁遇酸性、中性、碱性溶液的变色情况，并对结果进行分析及反思，如图 3-40 所示。

图 3-40 "如何利用植物自制酸碱指示剂"学生交流项目成果

【环节二】评价与反思:小组互评,讨论方案改进。

【环节三】项目总结:师生互评,总结项目化学习方法和体会。

三、项目成果展示与评价

1. 项目评价

"如何利用植物自制酸碱指示剂"项目评价量表如表3-16所示。

表3-16　"如何利用植物自制酸碱指示剂"项目评价量表

评价内容	评价标准	小组自评(30%)	小组互评(30%)	教师评价(40%)	最终评定
实验方案(30分)	能够查阅资料寻找可制作酸碱指示剂的植物(10分) 能够选择合适的植物制作酸碱指示剂(10分) 实验方法有创新或实验装置有改进(10分)				
实验过程(30分)	实验过程有图片、视频等资料(6分) 操作过程和设计方案保持一致(6分) 根据小组成员的特长合理分工(6分) 充分发挥每位成员的作用(6分) 要交流、有合作,能够互相尊重(6分)				
研究报告(20分)	研究报告实验方案设计合理、内容完整、表述清晰(10分) 对实验结果进行反思,查阅资料分析问题、解决问题。改进实验,使方案优化(10分)				
展示交流(20分)	PPT制作精美、展示内容丰富完整、表述清晰				

2. 学生作品

实验报告以PPT形式呈现,实验过程以视频形式呈现。

四、项目实施反思

1. 项目实施效果

本项目计划利用3课时完成,实施效果较为理想

1）激发学生的内在动力

在本项目化学习的过程中,学生选择了不同的植物提取色素汁,学生解决问题的方案不唯一。在生活类实验问题的驱动下,学生主动参与、积极探究、共同合作,通过资料的查阅、应用迁移、实验验证、总结反思,逐步形成化学的思维模式,激发学生的探究意识。

2）提升学生实验动手能力

每组 4～6 人，小组成员通过团队合作，设计实验方案，动手提取色素汁，检测能否作为酸碱指示剂并撰写实验报告，在实验研究过程中提高了动手操作能力。

3）提高学生的化学核心素养

学生在项目化学习的过程中，查阅资料、分组合作、选择合适的植物并开展实验方案的设计进行实验，观察实验现象，分析实验结果，培养了变化观念与平衡思想、证据推理与模型认知等化学核心素养。

2. 存在的问题及改进

1）存在的问题

项目化学习还在摸索的过程中，学生的自主性不够，教师的引导能力有限。

（1）能力参差不齐：学生原有的知识储备量不同，接受能力也有差异，导致有的小组项目化学习的开展不太顺利，个别小组的汇报也不尽人意。

（2）教师引导能力不够：教师对项目化学习的理解不够深刻，导致项目化学习的开展受到阻碍。

（3）项目化学习的时间有限：项目化学习需要时间和空间的保障，但学习课时有限，限制了项目化学习的开展。

（4）在实验的过程中，由于材料的体积和研磨的时间会影响色素的提取效果，使某些小组的实验结果产生误差。

2）改进措施

项目化学习的开展，要使每个小组能够顺利开展，需要对每个小组的学生进行分层，并根据学生的特长分配不同的项目化学习任务，让每个学生的能力都得到充分的发挥，每个学生都学有所获。在项目化学习的开展中，教师要积极引导学生参与项目，鼓励学生的每一次进步，并对学生碰到的问题进行答疑解惑。对于时空保障方面，鼓励学生充分利用课后时间，让学生积极尝试项目化学习，在课程资源及课程的设置等方面，不断完善和充实，充分保障学生在项目化学习中的时间和空间。

项目化学习后，学生还可进一步优化提取及保存方法，并对指示剂进行应用，检测家中各类溶液的酸碱性，如洗发液、肥皂水、咖啡液、淘米水等。还可检测雨水、河水的酸碱性，帮助判断周围环境的污染情况。

3. 项目化学习教学反思

1）设计生活类驱动性问题，激发学生学习兴趣

利用化学教学与生活紧密相关的特点，设计生活类驱动性问题，促使学生感受化学的真实性，提高实验操作能力，激发学生学习化学的主动性和积极性。这样既拉近了化学与生活的距离，又能让学生深切感受化学的魅力。在"如何利用植物自制酸碱指示剂"项目化学习中，教师将化学本质问题"在炒好的紫甘蓝叶上浇一些醋，为什么会变成

红色？如何利用植物自制酸碱指示剂"设计为实验类的驱动性问题,激发学生进行实验探究,解决实际问题。学生根据兴趣以4~6人为一组,团队合作,设计实验方案,动手实验提取植物中的色素汁,并根据家中厨房里的苏打水、食盐水和白醋检测色素汁遇到三种溶液的变色情况,对结果进行分析及反思。这样学生对酸碱指示剂的知识掌握得更加牢固。通过研究真实的化学事件、有学科价值的社会问题,发展学生的社会参与意识。

2）注重成果展示,培养学生实际解决问题的能力

项目化学习成果的展示是检验项目化学习实际效果的方式之一,成果是学生在项目化学习过程中参与、体验后,深刻理解化学核心知识后的最终成果。在"如何利用植物自制酸碱指示剂"项目化学习中,学生的学习成果是通过查阅资料学习自制酸碱指示剂,并将过程通过视频的方式呈现,并用PPT展示实验报告,这样的成果展示多方面培养了学生的学习能力,激发学生的学习兴趣。

3）重视多维度评价,促进学生深入学习

项目化学习的评价不仅能考察学生实际解决问题的能力,更能促进学生深入学习。项目化学习的评价不仅可以帮助教师优化教学,改善学生学习品质,还可以帮助学生更好地了解自己的优势和不足。项目化学习的评价标准不仅仅是最终的成果,还需要将过程性评价贯穿于整个学习过程。在本项目学习中,从学生查阅资料寻找制作酸碱指示剂的材料开始,到最后的成果展示,都将评价贯穿于始终。关注学生的学习过程,鼓励学生的思维发展,肯定学生有价值的学习结果,合理调整教学内容,从而促进学生发展。

【专家点评】

高平老师的教学案例,选题有很强的应用价值。化学是一门以实验为基础的科学,中考化学实验分值比例接近50%。复习课中的项目化学习要突出实验这个主要特点,把时间留给实验方案设计和进行实验等项目化学习的核心过程。这一点做得非常好。论述观点正确,材料比较充实,叙述层次分明,有较强的逻辑性。希望能够在初三化学复习课中融入项目化教学,让学生在自主学习和探究中实践和体验,培养学生分析问题和解决问题的能力,促进学生核心素养的发展。

（徐建春：上海市松江二中,特级教师、正高级教师）

第九节 "如何使燃烧发生和停止" 项目化学习教学案例

项目单位及负责人:上海市奉贤区育秀实验学校 陈丹华

项目名称:如何使燃烧发生和停止 项目时长:1 课时

版本:沪教版初中化学 年级:初三年级

上海市教委《义务教育项目化学习三年行动计划(2020—2022 年)》提出,以创造性问题解决能力为导向,以项目化学习的实践和研究为着力点,以活动项目、学科项目、跨学科项目为载体,促进义务教育学校教与学方式变革。在此背景下,项目化学习作为一种学习方式已经成为当前教学研究活动的一个热点,我们也在不断地进行理论学习和课堂实践,尝试在新的教育背景下,让化学课堂焕发出新的生命与活力,促进学生核心素养的发展和关键能力的提升。下面以"如何使燃烧发生和停止"为例,探讨项目化学习在初中化学课堂中的设计与实施。

一、项目简介

项目化学习强调真实情境,本项目中燃烧的现象与日常生活生产有着密切的联系,学生既感到亲切又觉得熟悉,通过对燃烧本质的认识,让学生感受到化学给人类的发展和进步带来的贡献,树立化学具有价值的社会观。通过熄灭蜡烛的小实验,让学生发挥主动性,在思考中动脑,在操作中动手,在汇报中动口,以"做中学"习得初中化学的基础知识和关键能力,发展学习的核心素养。

1. 教材分析

"如何使燃烧发生和停止"项目是沪教版初三年级化学第四章第一节的内容,认识燃烧的本质,探究可燃物燃烧的条件,知道灭火的方法是本节课的重点和难点。本项目以给人类带来文明的"火"作为切入口,以人类认识燃烧的历程揭示燃烧的本质,探讨燃烧的条件与灭火的原理以及消防的措施,通过学习可燃物燃烧的必要与充分条件,体会燃烧与灭火的辩证关系,树立安全用火和珍惜生命的意识。

2. 学情分析

在生活中,学生已经知道蜡烛、纸张等物质的燃烧,在第二章学习氧气时,学生已经做了碳、硫、磷、铁丝等物质的燃烧实验,对燃烧有了模糊的认识,对燃烧的含义认识还比较粗浅,对燃烧在人类文明发展过程中广泛应用的认识还不够深入。在项目化学习方面,学生并没有经历过项目化学习,所以要在教师的指导下一步步开展,使学生在思考、观察、实验、交流与合作中探索燃烧的奥秘。

3. 核心知识

1) 主要知识

(1) 理解燃烧的含义。

(2) 知道物质燃烧的条件和灭火的原理。

(3) 初步学会简单的灭火方法和逃生方法。

2) 学科关键概念或能力

(1) 在对燃烧的含义的逐步理解中,体验对知识内涵的理解不断完善的过程。

(2) 体验用已学知识对化学史上的燃烧理论进行质疑、分析与判断。

(3) 初步体验项目化学习的过程及研究的方法。

3) 重点和难点

重点:燃烧的条件,灭火的原理。

难点:理解燃烧的含义,项目化学习的设计、实施及评价。

4. 高阶认知

主要的高阶认知策略包括问题解决、系统分析、实验等。

5. 驱动性问题

本质问题:什么是燃烧?

驱动性问题:如何使燃烧发生? 如何使燃烧停止?

6. 项目成果

1) 个人成果

通过本项目的学习,设计一张有关燃烧与灭火的小报。

2) 团队成果

小组合作制作灭火器并进行灭火小视频的拍摄制作。

7. 流程图

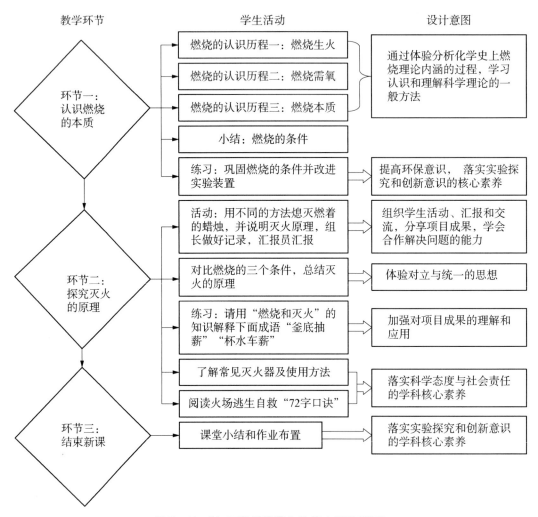

图 3-41 "如何使燃烧发生和停止"项目流程

二、项目实施

1. 搭建学习支架,再构核心知识

核心知识是项目设计的起点,其他的知识是这个"核"的外衣,覆盖在"核"的外层生长。本项目中以人们对燃烧本质认识的时间历程搭建学生学习的支架,对核心知识"燃烧的条件和灭火的方法"构建一套知识体系。

[引入]人类对燃烧的认识经历了一个漫长的历程,早在200多万年前,人类的祖先在天然火场中发现了火种,并学会了钻木取火,用火烧烤食物、取暖、加工狩猎工具、烧制陶器、冶炼金属,火的使用将人类带进了远古文明。随着对火的认识,人类对火存在

敬畏的心理,他们将火奉为神灵,所以有了古希腊神话故事中的普罗米修斯偷取火种给人类带来光明,有我国神话传说中的火神祝融。随着科学萌芽的发展,人们开始质疑用鬼神来解释燃烧现象,在 17 世纪的欧洲,有人提出了"燃素说",后来法国科学家拉瓦锡用燃烧白磷的方法推翻了统治欧洲百年历史的"燃素说",并提出了"氧化学说"。我们也学习了一些物质的燃烧,如镁带的燃烧、铁丝燃烧、硫燃烧,它们有什么现象?

[学生 1]镁带在空气中燃烧发出耀眼白光,生成白色粉末,放热。

[学生 2]铁丝在氧气中燃烧,火星四射,生成黑色固体,放热。

[学生 3]硫在氧气中燃烧发出明亮蓝紫色火焰,生成刺激性气味气体,放热。

[教师]请根据"氧化学说"给燃烧下定义。

[学生]燃烧时可燃物跟空气中的氧气发生的一种发光放热的剧烈的氧化反应。

[提问]回忆一下,中预年级科学中学习过物质燃烧需要哪些条件?

[学生]有可燃物、与氧气接触、温度达到可燃物的着火点。

[教师]是否所有物质的燃烧都需要氧气? 请一位同学上台与我一起完成演示实验。

[学生]完成镁带在二氧化碳中燃烧实验。

[视频]钠在氯气中燃烧。

[提问]现在你认为拉瓦锡的"氧化学说"所揭示的燃烧的含义有没有不妥的地方?

[学生]只要是具有剧烈的发光发热现象的化学反应,都可以称作可燃物的燃烧。

设计意图:学生对日常生活中燃烧有一定的了解,对燃烧的定义有一定的偏颇的认识,对燃烧的条件认识不够全面,所以在教学设计时用人类对火认识的漫长而艰辛的发展历程,体验对知识内涵的理解不断完善的过程,提升学科素养。

2. 设计驱动问题,引入深度学习

驱动性问题设计得好,如"一石激起千层浪",引发学生对概念主动地思考和探索。本项目中提出什么是燃烧、燃烧需要什么条件、如何停止燃烧,三个驱动性问题贯穿始终。如在如何停止燃烧问题中,穿插用不同的方法熄灭蜡烛的学生活动(见图 3 - 42),学生基于真实情境,解决实际问题,在问题的解决中引发深度学习,总结燃烧的条件和灭火的方法之间辩证和统一的关系,在活动中发展核心素养。

[问题]用不同的方法熄灭燃着的蜡烛,结合燃烧的条件说明灭火的原理,请组内成员分工合作并完成记录表。

项目评价:每一位小组成员分工合作,实验操作员、记录员、汇报员、仪器整理员、评价员、组长各司其职,有助于激发学习的兴趣,有意识地进行自主学习,参与项目探究活动。

（a）湿抹布盖灭

（b）坩埚钳夹灭

（c）黄沙盖灭

（d）剪断灯芯

（e）用水扑火

（f）用烧杯盖灭

图 3 - 42　学生探索灭火的方法

[学生交流1]我们采用湿抹布盖灭蜡烛的方法,原理是隔绝氧气。

[学生交流2]我们发现实验盒中有坩埚钳,想到用坩埚钳夹灭蜡烛的灯芯,试了一下,也是能成功灭火的,原理是隔绝助燃物。

[学生交流3]我们小组用的是实验盒中的黄沙,想到实验室中有防火黄沙箱子,所以我们尝试在火焰上方盖上黄沙,发现也是能成功灭火的。

[学生交流4]我们小组发现准备用品中有剪刀,猜测如果剪断了灯芯,燃烧就不能继续发生了,所以我们尝试了一下,发现实验能成功。

[学生交流5]我们小组用实验盒中准备的水,将水倒在蜡烛上,火就灭了。

[学生交流6]我们小组用一个小烧杯罩在了火焰上方,蜡烛同样也熄灭了,是因为烧杯中的氧气浓度过低,不能继续支持燃烧。

……

[教师]大家找到了很多能熄灭蜡烛的方法,能不能把这些方法归类,与燃烧的条件相比较,探索灭火的原理有哪些。

[学生]燃烧需要可燃物,灭火就需要隔离可燃物,我们用剪刀把灯芯剪断就是隔离可燃物。燃烧需要助燃物,我们用黄沙、石棉网、湿抹布盖灭,是隔离助燃物。燃烧温度需要达到着火点,我们用嘴吹灭、用扇子扇灭、用水浇灭是降低周围温度至着火点以下。

学生总结的熄灭蜡烛的方法和灭火原理如表 3 - 17 和表 3 - 18 所示。

表 3-17　熄灭蜡烛的方法

熄灭蜡烛的方法	灭火的原理
吹灭/扇灭/用水浇灭	降低温度至着火点以下
用石棉网盖灭	隔绝助燃物
用沙子覆盖	
用湿抹布盖灭	
用剪刀将烛芯剪断	隔离可燃物

表 3-18　灭火原理

燃烧的条件	灭火的原理
有可燃物	隔离可燃物
与助燃物接触	隔绝助燃物
温度达到着火点	降温至着火点以下

[提问]燃烧需要的三个条件缺少一个都不能使燃烧发生,那灭火呢? 这些原理是三者缺一不可还是三者取其一就即可?

[回答]三者取其一就能灭火。

[教师]通过对燃烧条件和灭火方法的学习,让我们认识事物对立和统一的唯物主义思想。请同学用"燃烧和灭火"的知识解释成语"釜底抽薪""杯水车薪"。

[学生1]"釜底抽薪"中的"薪"是指柴,通过移走可燃物的方法达到灭火的目的。

[学生2]"杯水车薪"中"杯"解释为一杯水,形容水太少的意思,"车"是指一车柴,形容可燃物很多的意思,表示水太少,不足以降温到可燃物着火点以下,因此不能灭火。

设计意图:在情境中富有创造性地解决实际问题的能力就是素养。对情境的学习和应变力就是素养的核心。本节课中,用"如何熄灭燃着的蜡烛"这个真实的情境,让化学学科素养在这个情境中形成,并不断进行迁移和转换。通过学生"三动"(动手实验、动脑分析、动口解释原理),在活动中引发深度学习。

3. 逐推高阶认知,亲历学习实践

在马扎诺的学习框架中提到六个方面的高阶策略:问题解决、创见、决策、实验、调研和系统分析。而高阶学习又是基于获取和整合知识、扩展和精炼知识两个低阶学习进行的,高阶学习与低阶学习密不可分。本项目中通过学生调研生活中的消防设施,查阅常见灭火器的适用范围和使用方法,小组交流合作制作多媒体,促进学生关键能力的养成。

环节1:生活中有哪些常见的灭火器?

[教师]通过课前的调查,生活中有很多地方有消防设施,请同学们交流一下生活中

常见的灭火器及它们的使用方法。

[学生1]干粉灭火器,可扑灭一般的火灾,还可扑灭油、气等燃烧引起的失火……使用方法是拔掉安全栓,上下摇晃几下,根据风向,站在上风位置,对准火苗的根部,一手握住压把,一手握住喷嘴进行灭火。

[学生2]泡沫灭火器,该灭火器的适用范围取决于充装的灭火剂。充装蛋白泡沫剂、氟蛋白泡沫剂和轻水(水成膜)泡沫剂,可用于扑救一般固体物质和非水溶性易燃、可燃液体的火灾;充装抗溶性泡沫剂,可以专用于扑救水溶性易燃可燃液体的火灾。

[学生3]二氧化碳灭火器,适用于低压电器设备、仪器仪表、图书档案、工艺品、陈列品等的初起火灾扑救……不可用于轻金属火灾的扑救。

……

环节2:如何逃生?

[教师]当我们遇到火灾时,应该怎么办?

[学生]救火。

[教师]我们不鼓励未满18周岁的未成年人参与救火,所以同学们遇到火灾时谨记火场逃生自救"72字口诀"。

[学生朗读]熟悉环境,出口易找;发现火情,报警要早;保持镇定,有序外逃;简易防护,匍匐弯腰;慎入电梯,改走楼道;缓降逃生,不等不靠;火已及身,切勿惊跑;被困室内,固守为妙;迷离险地,不贪不闹。

设计意图:本项目化学习中主要运用了一个高阶认知策略——调研,要求学生们调研生活中常见的消防设施,查阅资料,交流讨论和整理资料并进行以小组为单位的汇报,让学生了解更多灭火器,让学生亲历丰富多彩的探究活动,在活动中发展核心素养。在生活中很多资源是值得探究的,而真实世界中的火灾往往比我们想象的复杂得多,学生作为未成年人,容易对事物呈现强烈地好奇心和责任感,但是生活中的火灾往往比较复杂、危险,在这样的情况下,我们不鼓励未成年人参与救灾。在本节课的结束,指导学生教学火场逃生自救的口诀,希望他们从小树立安全用火和珍惜生命的意识。

4. 注重过程评价,发展核心素养

评价是对教学进行一次严谨全面的科学的诊断。与传统教学中主要以分数论的评价,项目化学习的评价指标和评价方法会更关注学生主体和学习过程,评价的主体也会更多元化。

作为课堂的延申,本项目中最后布置了实践性作业:以6人一组为单位,用塑料瓶、吸管、橡皮泥、蜡烛、小苏打、醋酸制作一个灭火器,并进行灭火小实验,拍摄小视频,一周内提交"晓黑板",并以小组为单位完成评价量表。

表3-19　"制作灭火器并进行灭火实验"评价量表

班级_____　组别____　组长_____　组员_____

实验设计		实验成果		分享交流	
实验目的模糊,装置设计有误	☆	实验装置不完整	☆	按时完成实验作品	☆
实验目的明确,装置设计基本正确	☆☆	实验装置完整,但不能灭火	☆☆	按时完成实验作品,并且能寻找不能灭火的原因	☆☆
实验目的明确,装置设计正确、严谨	☆☆☆	实验装置完整,能灭火	☆☆☆	按时完成实验作品,并且评价有独立见解	☆☆☆
自我评价		自我评价		自我评价	
互评组别					
评价		评价		评价	

注:评价方法——根据活动中的表现,在"自我评价"中,用"☆"表示评价,完成自评并对其他另一小组同学的实验进行评价。

设计意图:项目化学习的评价指向学习目标,具有"目标-实践-成果-评价"的一致性。过程性评价主要考查学生的认知策略和实践,通过小组合作制作灭火器并进行灭火小视频的拍摄剪辑,学生获得的不仅仅是化学学科的知识,还有同学间合作、关键能力的提升。通过自评、互评和师评的多元主体参与评价来促使评价更为客观公正,符合学生实际,认真分析每一个学生的成长动态,合理调整教学内容,从而促进学生的发展。

三、项目成果展示与评价

"如何使燃烧发生和停止"项目成果分为个人成果和小组成果。个人成果是完成一张关于本项目的小报,小组成果是课后的实践作业——小组合作制作灭火器并进行灭火小视频的拍摄剪辑,考查了团队在项目化学习中的成果。部分成果如图3-43所示。团队成员对学习的知识再组织、加工和再创造的过程中,学生获得的不仅仅是化学核心知识,还有同学间合作和关键能力的提升。

(a)

(b)

(c)

(d)

图3-43　"如何使燃烧发生和停止"项目学生研究成果

每个项目小组学生采用自评和互评相结合对项目学习成果进行评价,从实验设计、实验的实施效果角度评价。在评价的方式上,量化的数据虽然清晰,但对于初三学生而言,初次的项目化学习量化指标要求过高,所以就用"☆"定性地进行评价。

教师点评:

小组作品 1——小组同学基本能组装一套制取二氧化碳灭火装置,视频中能熄灭蜡烛的火焰,且视频制作有想法,有讲解和配乐,很有创意。

小组作品 2——小组同学制作的灭火装置设计正确,视频拍摄清晰,并能顺利灭火,实验后对实验进行了深入分析和理性思考,还用鸡蛋壳代替小苏打进行实验,值得表扬。

个人学习成果 1——通过本项目的学习,掌握了一定的预防火灾的知识,并用小报的形式进行展示,小报版面设计简洁,内容素材符合本项目化学习内容。

个人学习成果 2——小报的编排设计很有想法,主题明确,文章的内容和本项目化学习的主题贴切,插图设计有创意,值得肯定。

学生体会:

在本项目化学习过程中,学生产生了浓厚的兴趣,收获了在平时学习中不易掌握的不同能力。

陈同学:"项目化学习提高了自主学习和动手能力,将化学理论知识化为实践,课后的实践类作业也很有新意,通过小组合作完成,并拍摄视频,这样的学习使我耳目一新。"

夏同学:"对于灭火方法的探究,让我印象深刻,小组同学通力合作,大家出谋划策找出了很多灭火的方法,我很感兴趣。对于灭火装置的制作,我组同学采用浓度不同的醋酸进行实验,自主探究,收获特别大!"

四、项目反思

本项目化学习中,不断体现出高阶思维的特性,学生的思辨能力、实验能力、表达能力等素养都得到了有效培养,在引导学生在完成项目任务的同时,掌握核心知识,发展核心认识,提升学科关键能力,对本项目化学习,我们也进行了一些思考。

1. 考虑整体设计

在项目化学习实践课上发现,教师在开设项目化学习时是根据教学中相关性的内容,挖掘驱动性问题,从知识点来说,核心知识散落在教材内容的不同章节,这就需要教师对项目化学习做总体规划和设计。同时,考虑到学生的时间成本,在学科安排上,教师也要做统一的考量。

2. 关注核心知识

如何把项目化学习从"有趣"转变为"深度",这就需要我们把目光聚焦在学习上,关注学生学习过程中思维能力的培养,把思维能力的培养贯穿于整个项目化学习的过程,促进学生对核心知识深度的理解,形成学习的能力。本项目围绕"燃烧条件"和"灭火原理"这两个核心知识,确认与这两个核心知识相关的关键概念,能力相关的一系列基础知识,以此达到知识与素养兼得。

3. 重视成果展示

检验项目化学习质量很重要的一个标准是学习成果。成果是学生经过学习活动,对核心概念的深刻理解,达成解决实际问题的最终成果。本项目化学习中,学习成果是用所给材料制作一个灭火器并进行灭火小实验的视频拍摄。通过对本项目燃烧的条件和灭火方法的学习,通过"晓黑板"对大家录制的小视频进行公开发布,对大家制作的灭火器进行成果展,这样的成果会给学生留下难忘的回忆。

4. 体验全程评价

项目化学习的评价要指向学习目标,呈现出"目标-实践-成果-评价"的一致性。项目化学习的本质应该是"学",学生在做项目过程中,体现思维的过程,因此在评价过程中,要注意对学习过程的全程性评价。

【专家点评】

自上海市教委发布《义务教育项目化学习三年行动计划(2020—2022年)》以来,项目化学习活动的研究与实施已经成为我们教学研究的热点之一。陈老师为我们提供了"如何使燃烧发生和停止"的项目化学习教学案例。本案例选材得当,结构规范,学习活动的设计感强,学生能够深度参与项目化学习,并在学习、评价、展示的过程中,掌握核心概念和关键能力。整个活动的设计体现了"目标-实践-成果-评价"的一致性,教学目标的达成度高。本案例是一个优秀的项目化学习教学案例。如果案例内容能够融合初中化学学科核心素养的相关内容,效果可能更好。

(杨卫国:上海市崇明中学,特级教师、正高级教师)

第十节 "乙醇汽油代替传统汽油的利与弊"项目化学习教学案例

项目单位及负责人：上海市奉贤区青村中学　柴彦蕾

项目名称：乙醇汽油代替传统汽油的利与弊　　项目时长：4课时

教材版本：沪教版初中化学　　　　　　　年级：初三年级

　　学习层次由低到高,可以分为五个,分别是记忆、理解、应用、感悟和创造)。夏雪梅博士在《项目化学习设计——学习素养视角下的国际与本土实践》一书中提到："学习意味着,人在面对多种情境时,解决问题与创造意义的过程,即高阶学习。"我们尝试在初三年级化学教学中加入项目化学习的元素,逐步培养学生的高阶学习能力。

一、带动高阶学习的项目化学习简介

　　初三年级化学"乙醇汽油代替传统汽油的利与弊"项目化学习,是以社会热议的环境问题为题,通过对乙醇汽油和普通汽油之间利与弊的对比,全面了解乙醇汽油。然后根据汽油的化学成分、乙醇的化学式,分析汽油与乙醇汽油燃烧产物可能的差异,得出乙醇汽油的燃烧产物,通过实验方案设计及动手实验验证乙醇汽油的产物。接着通过研究"国家第六阶段机动车污染物排放标准"的排放限值,设计在实验室中如何处理CO气体,并讨论这种方法在汽车尾气处理中的可行性。最后通过查阅资料了解在现实生活中汽车处理尾气的方法。本项目通过实际情况与化学知识相结合,通过探究性实践、合作交流等多元化的学习活动,让学生经历"知识储备→知识转化→实验方案设计→交流互动→得出结论"的过程,提升学科核心素养。

1. 教材分析

　　本项目属于初三年级化学第一学期第四章"燃料及其燃烧"的单元复习,在本单元中涉及燃烧的条件,燃料的充分燃烧,碳、一氧化碳及二氧化碳等物质的性质及用途等,而本项目是在融合这些知识点的基础上,要求学生活学活用,通过与现实生活中的相关情况相结合,了解乙醇汽油相较于普通汽油的优劣势的分析、燃烧后的产物及如何处理尾气等方面,培养实验方案设计能力、提高思维品质,同时树立绿色化学的观念。

2. 学情分析

在本节课前学生已经掌握了燃烧的条件,燃料的充分燃烧,碳、一氧化碳及二氧化碳等物质的性质及用途这些知识点,同时已经具备了信息检索能力,初步具备实验设计能力,但学生的综合分析能力和应用知识能力还较为薄弱。因此,本项目以提升实验设计能力和综合分析能力、应用知识能力为设计目的。

3. 课时安排

本项目化学习分为四个课时,分别为入项活动、方案交流、实验研究、展示交流,项目课时安排如表3-20所示。

表3-20 "乙醇汽油代替传统汽油的利与弊"项目课时安排

课时	研究任务	教学内容	学习成果
1	入项活动	导引:为解决石油短缺、消化陈化粮、推进生态环保,我国从2003年开始,在吉林、安徽、黑龙江、河南等省陆续封闭推广使用乙醇汽油,即在普通无铅汽油中调配加入10%的燃料乙醇。2017年国家发展改革委、国家能源局、财政部等十五部委下发了"关于扩大生物燃料乙醇生产和推广使用车用乙醇汽油的实施方案",上海市作为发达城市,人口密度和汽车保有量都很大,但上海市目前仍使用92号和95号汽油,这是为什么呢? 对比普通汽油和乙醇汽油,了解推行乙醇汽油的优劣势,并形成相关研究报告 根据汽油的化学成分、乙醇的化学式,分析汽油与乙醇汽油燃烧产物可能的差异	研究报告
2	理论研究	探究一氧化碳、二氧化碳、水和氢气等物质的检验与处理	形成单一和混合气体方案设计
3	实验研究	① 小组合作研究乙醇汽油燃烧产物及产物中的一氧化碳等物质的处理方法 ② 评价上述方法在现实生活中的可行性 ③ 查阅资料,了解在现实生活中汽车处理尾气的方法	实验方案、汇报PPT
4	展示交流	小组交流展示研究成果	项目研究报告

4. 项目流程图

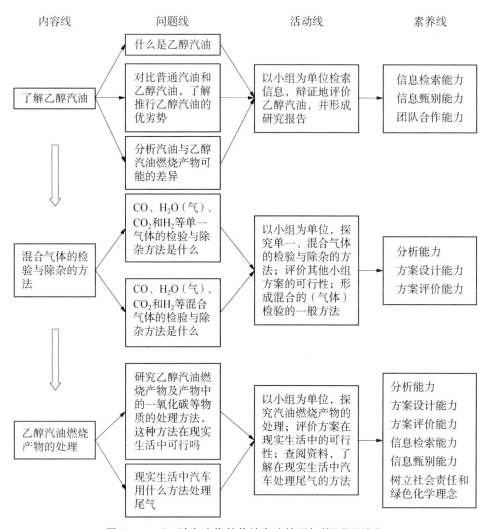

图 3‑44 "乙醇汽油代替传统汽油的利与弊"项目流程

二、基于高阶学习的项目化学习设计和实施

项目化学习设计过程包括项目活动的目标、任务、过程、成果展示、评价等五个部分。现以第二课时"探究乙醇汽油燃烧产物——混合气体的检验与除杂"为例进行探究。

1. 厘清核心知识,指导顶层设计

学科核心知识是学科的基础,所有的教学设计都应该围绕着学科核心知识进行,并通过项目的设计,明确学习任务,培养关键能力及高阶认知。

本课时是本项目的第二课时,属于理论研究部分,其内容隶属于沪教版初三年级化

学第一学期第四章"燃料及其燃烧"的单元复习部分,属于化学学科知识部分。教师对本课时所需要的核心知识、关键能力及高阶认知能力进行了逐一梳理。

1) 核心知识

(1) 掌握 CO、CO_2、H_2、H_2O(气)的化学性质。

(2) 掌握 CO、CO_2、H_2、H_2O(气)的检验方法以及 CO_2 与 H_2O(气)的吸收方法。

(3) 掌握混合物检验的一般思路和方法。

2) 关键能力

(1) 分析、交流展示、撰写论文、演讲的能力。

(2) 根据物质的性质设计实验方案的能力。

(3) 实验观察、动手、反思的能力。

3) 高阶认知策略

本项目主要培养的学生的问题解决、系统分析、实验设计等高阶认知能力。

2. 基于学情分析,形成理论框架

在确定教学目标后,教师对学生的学情进行分析,发现虽然学生在前期已经具备了CO、CO_2、H_2、H_2O(气)等四种气体的化学性质的知识,但是如何将化学性质与检验、除杂的方法相联系,对于初三年级的学生而言是非常陌生的。同时,初三年级学生的问题解决、系统分析、实验设计等高阶能力均较弱。因此在本课时,教师从单一气体的检验与吸收入手,初步提炼物质检验和除杂的一般思路,再引导学生设计方案,形成混合物检验和除杂的一般思路,帮助学生构建该知识的框架,帮助学生逐步学会利用知识框架分析问题,逐步培养问题解决、系统分析、实验设计等高阶能力,为后续项目的推进奠定基础。

1) 基础入手,形成知识框架

设计 CO、CO_2、H_2、H_2O(气)等单一气体的检验与吸收,在该环节中,以仪器图的形式(见图 3-45),让学生以 4 人为一小组,通过交流、讨论,明确选用什么药品和仪器检验或吸收 CO、CO_2、H_2、H_2O(气)等四种气体。最后,教师以"明目标→选试剂"为结论,初步提炼物质检验和除杂的一般思路。

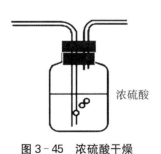

图 3-45　浓硫酸干燥气体装置

本环节主要有三个教学目的:构建气体检验和吸收的知识框架;初步明确物质检验和除杂的一般思路,为后续的实验设计奠定基础;初步培养学生问题解决、系统分析、实验设计等能力。

2) 层层递进,完善知识框架

模拟乙醇汽油燃烧产物,形成混合物检验与除杂的一般思路,在上一课时的基础上,继续引导学生设计如何检验乙醇汽油的燃烧产物,并逐步形成混合物检验与除杂的

一般思路。为逐步培养学生实验探究能力,给学生设置台阶,教师以下列几个问题引导学生探究:

（1）请设计实验方案检验乙醇汽油的燃烧产物中含有 CO_2 和水蒸汽。

（2）请设计实验方案检验产物中含有 CO_2 和 CO。

（3）乙醇汽油的产物中可能含有 CO_2、CO 和水蒸汽,如何检验其中的成分,请设计实验方案。

通过上述问题引导学生以小组为单位进行探究。最后,以"明目标→选试剂→再排序→除干扰"为结论,初步提炼物质检验和除杂的一般思路。

本环节主要有三个教学目的:构建混合气体检验和吸收的知识框架;初步明确混合物检验和除杂的一般思路,为后续的实验项目设计奠定基础;进一步培养学生问题解决、系统分析、实验设计等能力。

通过本课时的教学,学生已经可以从理论层面知道如何检验 CO、CO_2、H_2、H_2O（气）等气体的单一气体或混合气体,为后续项目化学习的开展奠定扎实的基础。

3. 小组合作学习,提升学习质效

小组合作学习可以发挥群体的积极功能,提高个体的学习动力和能力,达到完成特定的学习任务的目的,改变教师垄断课堂的信息源而学生处于被动地位的局面,从而激发学生的主动性、创造性。

本项目的教学阶段在第一学期,此时学生的化学学科知识框架及核心素养还有待完善,所以小组合作学习不仅可以让学生思维相互碰撞,更好地完成学习任务,而且也可以形成互帮互助的模式,带动每个学生参与学习。

为了保证每个小组能顺利完成任务,根据学生的综合学习能力和个人特质,先将学生分为 A、B、C、D 四组,然后学生以自由组合的方式分别与其他三组的学生进行组合,并由组内自主推举组长（通常建议为 D 组学生,即相对较弱的学生）、观察员、记录员和交流员。接着,由组长组织,组内学生共同开展查阅资料、分析研究、撰写报告、设计实验、展示交流等活动。每个小组在本课时的最后必须完成"探究乙醇汽油燃烧的产物中是否有 CO、CO_2、H_2、H_2O（气）等气体"的实验项目设计。项目设计包括实验目的、实验装置绘制、实验仪器的作用及实验步骤等。做好 PPT,准备交流。而教师始终作为观察者和建议者,当学生遇到困难时,给予一定的帮助,但不会干预设计的进行。因此,整个过程对学生的合作、交流、分析、解决问题的能力均有很大的促进,有效地提升学生的关键能力及高阶认知。

4. 实验方案验证,促进思维碰撞

我国著名化学家付鹰教授说:"实验是最高的法庭。"方案正确与否当然离不开实验的验证。在实验设计过程中,学生的设计难免会出现问题,所以实验的验证是最好的碰撞方式。本节课最终的目标是让学生学会如何检验 CO、CO_2、H_2、H_2O（气）等气体的

混合气体,为了让学生发现自己设计中的错误,教师采用了一些小技巧。教师分别带了含有 CO、CO_2、H_2,CO_2、CO、H_2O(气)和 CO、CO_2、H_2、H_2O(气)三种混合气体的气囊,并编以不同的编号。

以第三组学生为例,这组学生设计方案是:足量澄清石灰水→无水硫酸铜→灼热氧化铜→无水硫酸铜→澄清石灰水→小气球。教师在分配气囊时,有意将含有 CO、CO_2、H_2 等气体的 1 号气囊分发给他们,根据实验现象,他们判断原气体含有 CO、CO_2、H_2、H_2O(气),但当他们揭开标签后发现他们的推测出现了错误,当然最终在教师的点拨和互相交流下完善了实验方案。而在集体交流的过程中,他们也将这问题写入了 PPT,并以此为问题向其他组同学提问。

此过程中,第三组虽然在最初的设计过程中出现了问题,但在全组的共同努力下得出了正确的实验方案,而且他们非常享受这一过程,并无私地分享给其他组。这一活动让学生从被动接受向主动学习转化,充分发挥了学习的主动性和创造性,该过程中培养了学生的交流能力、观察能力、思辨能力,启发了学生的高阶思维。

5. 成果评价,引领探究实验

项目成果评价量表可以用来观察和记录各小组活动的参与情况,由于项目化学习所需的时间较长,且每个课时得到的成果也有所不同,所以本项目根据不同课时的不同要求设计了项目成果评价量表。以第二课时为例,本课时的主要成果包含实验方案、实验验证和展示交流三个部分,所以本课时的项目成果评价量表设计如表 3-21 所示。

表 3-21 "乙醇汽油代替传统汽油的利与弊"项目第 2 课时研究成果评价量表

班级_____ 项目研究小组组员_____
评价人_____

评价项目	表现标准及分值			表现水平			
	三星	二星	一星	自评	师评	互评	总评
实验方案设计	实验试剂和仪器选择绝大部分合理,且操作步骤简单	实验试剂和仪器选择大部分合理,或操作步骤较为烦琐	实验试剂和仪器选择大部分不合理或选择错误	☆☆☆	☆☆☆	☆☆☆	☆☆☆
	小组成员之间分工合理,人人动手,有讨论、有商议、有改进,合作研究氛围好	小组成员之间分工较合理,大部分同学有实验、有讨论、有商议、有改进,合作研究氛围良好	小组成员之间没有分工,只有小部分同学在完成实验,组内无讨论,无合作研究氛围	☆☆☆	☆☆☆	☆☆☆	☆☆☆

(续表)

评价项目	表现标准及分值			表现水平			
	三星	二星	一星	自评	师评	互评	总评
实验方案验证	实验操作有序、无操作问题	实验操作有序、在极个别的操作存在问题	实验操作有序、有较多的操作存在错误	☆☆☆	☆☆☆	☆☆☆	☆☆☆
	小组所有成员积极参与,合作有序	大部分小组成员积极参与,合作有序	只有小部分小组成员参与实验验证过程	☆☆☆	☆☆☆	☆☆☆	☆☆☆
交流展示	实验成果汇报条理清楚,讲解逻辑思维严密	实验成果汇报条理清楚,讲解中有部分有待推敲	实验成果汇报条理不甚清楚,讲解部分较多,有待推敲	☆☆☆	☆☆☆	☆☆☆	☆☆☆
	实验成果内容汇报完整,有问题、有反思	实验成果内容汇报较为完整,有问题、有反思	实验成果内容汇报不完整,只讲解本实验设计	☆☆☆	☆☆☆	☆☆☆	☆☆☆
	能准确理解和应用混合物检验和除杂的一般思路	能较为准确理解和应用混合物检验和除杂的一般思路	对混合物检验和除杂的一般思路,不甚理解	☆☆☆	☆☆☆	☆☆☆	☆☆☆

注:评分要求——请根据标准对本组或他组进行评分,评分最高"三星",最低"一星",涂满即可,总评为自评、师评和他评的平均星数。

三、带动高阶学习的项目化学习的成效及反思

1. 驱动问题,培养高阶思维

良好的驱动性问题可以引发学生的思维能动性,并向素养转换。本项目以"为什么上海不使用乙醇汽油"为驱动性问题,引导学生对比,在肯定乙醇汽油为环保做出贡献的同时,探究如何进一步处理燃烧产物,尽可能减少空气污染。本驱动性问题引导学生从三个步骤进行探究:

(1)通过查阅资料,知道乙醇汽油相较于普通汽油有哪些优点,并得出研制乙醇汽油的必要性。

(2)通过设计实验,探究并确定乙醇汽油燃烧后的产物。

(3)对乙醇汽油的产物进行区别性分析(分析出无害和有害的产物),并设计实验尽可能除去其中的二氧化碳和一氧化碳,为环保贡献自己的力量。

本驱动性问题为项目探究指明方向,通过分析、交流、实验设计等过程培养学生的

分析能力、实验设计能力等高阶思维能力,同时也构建了绿色化学理念。

2. 模型构建,促进深化学习

构建混合物检验的一般思路是本项目化学习的重要成果之一。本项目化学习中,通过分别对水蒸汽和二氧化碳混合气体的检验,除尽水蒸汽和二氧化碳,对水蒸汽、二氧化碳和一氧化碳混合气体的检验,对水蒸汽、二氧化碳和氢气混合气体的检验,对水蒸汽、二氧化碳、氢气和一氧化碳混合气体的检验等步骤,逐步构建混合物检验的一般思路,为后续进一步深入学习奠定基础。

3. 互评互鉴,引发高阶学习方式

本项目化学习,根据项目的内容与初三年级学生的特点设计了"探究乙醇汽油燃烧产物——混合气体的检验与除杂"项目化学习研究成果评价量表,引导学生开展项目化探究的同时,促进学生间的相互交流、互相评价、互相质疑,引发学生间思维的碰撞,培养学生的表达能力、观察能力、应变能力及批判意识,逐步帮助学生形成高阶学习方式。

虽然想以项目化学习为教学模式,但由于教师自身的水平有限,初三年级学生的知识和能力素养的积淀不足,所以与夏雪梅博士提出的项目化学习还是有较大的差异,希望通过不断实践,累积经验,提升初三年级学生的能力素养,逐步接近项目化学习的真谛。

【专家点评】

这是一个社会性议题,涉及的物质恰好又是单元复习内容,采用项目化学习方式实施,改变了教师传授知识为主的学习方式,打破了知识整理、习题巩固的传统复习模式。本项目活动的实施,既起到了复习相关知识的作用,又培养了学生实验创新能力,更增强了学生的社会责任感。以乙醇汽油真实的情境为背景,通过分解成几个项目任务,既重视化学学科知识的落实,又注重培养学生的学科素养。例如,从元素组成预测燃烧产物,奠定化学观念和科学思维;通过设计几种气体的检验活动,培养学生的科学探究与实践的学科素养;再通过利弊分析发展学生的科学态度与责任。项目实施过程清晰,各阶段任务明确,充分调动了学生的积极性。设计多样的学生活动,给予学生充分的活动时间,学生活动的思维进阶非常有效。评价量表和星级评价策略的使用,能够促进学生学会正确欣赏,客观评价能力得到提升。

（唐增富:华东师范大学附属东昌中学,特级教师、正高级教师）

第十一节 "皮蛋加工原料浸出液中的成分检验"项目化学习教学案例

项目单位及负责人:上海市奉贤区新寺学校 侯素英

项目名称:皮蛋加工原料浸出液中的成分检验 项目时长:2 课时

教材版本:沪教版初中化学 年级:初三年级

初中化学的学习已接近尾声,学生已基本掌握了中学化学各部分的知识以及基本实验原理和实验方法。而在新的情境中,迅速找到自己想要的资源,建立知识间的联系并进行问题解决的能力依然明显不足。

《义务教育化学课程(2022 年版)》指出,要聚焦学科育人方式的转变,以启发式、互动式、探究式教学引导学生自主学习。开展以化学实验为主的多样化探究活动。创设真实问题情境,倡导"做中学""用中学""创中学",开展项目式学习。基于课程标准、教材和学生学情的分析,设计了"皮蛋加工原料浸出液中的成分检验"的项目化学习,以小组合作进行实验探究的方式,探索培养学生在真实情境中创造性地解决问题的能力。

一、项目设计

本项目以学生熟悉的皮蛋的制作为载体,通过对皮蛋加工原料浸出液的成分检验,运用调查研究、探究实验、经验总结等学习方式,从逐个检验成分到最后在同一浸出液样品中通过连续实验检验成分,得到设计实验方案的一般思路和基本要求。激发学生在主动探究真实问题的过程中,达到灵活运用核心知识和思维迁移的高阶学习。

1. 教材分析

酸碱盐的相关知识是沪教版初三年级化学第二册第五章和第六章的内容。本项目以制作皮蛋并分析加工原料浸出液的成分为驱动,涉及碳酸根、氢氧根、氯离子的检验方法,该知识点要求达到 B 级学习水平,是中考考查内容(基础题、实验题)的重点之一,涉及的知识面广而杂,是教学中的难点。

2. 学情分析

临近初中毕业,学生已基本掌握了初中化学的基本知识和基本技能,但在新的情境下,综合运用已有知识去解决生活或生产中的实际问题的能力依然明显不足。因此,利用新的情境,引导学生在问题驱动下,通过证据推理、实验探究等方式对核心知识再建构,使知识网络化、系统化显得尤为重要。

3. 核心知识

1) 主要知识

(1) 掌握碳酸根、氢氧根、氯离子的检验方法。

(2) 知道设计实验方案的基本要求和评价实验方案的一般原则。

2) 学科关键概念或能力

(1) 调查分析、实验操作、证据推理、交流展示、汇报演讲等能力。

(2) 设计和评价实验方案的能力。

4. 高阶认知策略

问题解决、调研、决策、实验等。

5. 驱动性问题

本质问题:混合溶液中检验碳酸根、氢氧根、氯离子的方法。

驱动性问题:

(1) 浸出液成分中有哪些溶质? 设计实验证明这些物质的存在。

(2) 如何在一份样品溶液中,通过连续实验进行成分检验?

6. 项目成果

设计在同一份样品溶液中,通过连续实验检验出碳酸根、氢氧根、氯离子的实验方案。得到设计实验的一般思路和基本要求。

7. 课时安排及项目流程

1) 课时安排

本项目分为前置活动和 2 个课时,每个课时的安排如表 3-22 所示。

表 3-22　"皮蛋加工原料浸出液中的成分检验"项目课时安排

课时	研究任务	内容安排	学习成果
前置活动	入项活动	通过查阅资料、走访市场、咨询他人等方式了解制作皮蛋的原料和操作方法	调查结果
		小组合作(可邀请家长代表),完成制作若干个皮蛋,保留皮蛋加工原料浸出液 思考:推测浸出液的主要成分	皮蛋(半成品)
1	研制方案 实验探究	小组交流:制作皮蛋所用的原料及推测浸出液的主要成分 小组讨论:完善验证浸出液主要成分的实验方案 小组合作:完成实验探究	实验方案 实验报告
2	展示交流	小组展示、交流项目成果	项目研究报告 汇报 PPT

2）项目流程

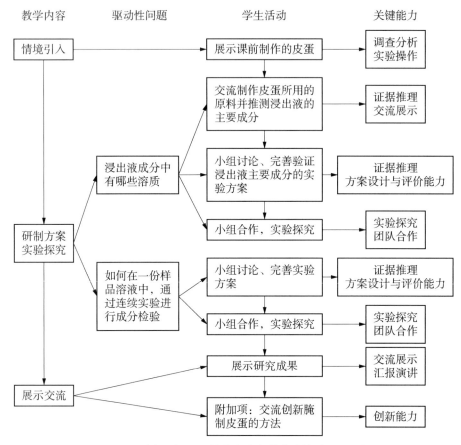

图 3‐46 "皮蛋加工原料浸出液中的成分检验"项目流程

二、项目实施

本项目化学习分为前置活动和 2 个课时,分别为入项活动、研制方案与实验探究、展示交流。以学生熟悉的皮蛋的制作为载体,通过对一系列驱动性问题的探究,运用调查研究、证据推理、实验探究、交流展示等学习方式,激发学生在主动探究真实问题的过程中,通过有意义的学习历程,达到核心知识再建构和思维迁移的高阶学习。

1. 入项活动:激发兴趣,引出探究载体

【入项引入】有些中国美食的"美",外国人可能永远不懂。美国有线电视新闻网(CNN)把中国人餐桌上非常常见的皮蛋称之为"魔鬼生的蛋"。那么,是什么让普通的蛋变成了晶莹剔透的皮蛋呢? 你能亲手做一枚皮蛋吗?

【设计说明】利用一则新闻,引出生活中常见的皮蛋,牢牢吸引了学生的眼球并激发了一探究竟的好奇心理。本项目的提出,源于学生学习和生活实际,能瞬间激发学生的探究动力。通过查阅资料、走访市场、咨询他人等方式了解制作皮蛋的原料和操作方法,通过小组合作完成制作皮蛋的活动。培养学生多途径获取信息资料,团队协作完成简单实验操作等能力。同时,保留的皮蛋加工原料浸出液将进一步推进探究活动的开展。

2. 实验探究:实践探索,形成项目成果

当学生兴致勃勃地展示着自己课前腌制的皮蛋时,教师又相继抛出两个驱动性问题,助推学生的进一步思考和探究。

【驱动性问题1】制作皮蛋的原料浸出液成分中有哪些溶质? 推测并实验验证。

【驱动性问题2】如何在一份样品溶液中,通过连续实验进行成分检验?

【设计说明】由于每个小组获取制作皮蛋的方法途径各不相同,所得浸出液也可能存在异同。在"驱动性问题1"的驱动下,各小组学生通过分析制作皮蛋的原料,对原料混合后可能发生的化学反应做出推测,得出浸出液的主要成分。并据此设计实验方案,逐步进行实验验证,巩固了碳酸根、氢氧根、氯离子的检验方法。

如果浸出液的量不多,如何在同一份样品溶液中,通过连续实验进行成分检验? 在"驱动性问题2"的驱动下,学生需考虑的也不仅仅是碳酸根离子、氢氧根离子、氯离子的单独检验,而是综合考虑离子检验和防干扰的问题。从逐个成分的检验到对同一浸出液样品连续实验检验成分,难度层层递进,在得出设计实验的一般思路和基本要求的同时,培养学生综合分析和解决问题的能力,证据推导和团队协作等能力。

3. 展示交流:交流共享,评价促反思

项目化学习和其他类型的教学的区别是要形成公开的有质量的成果,在多样的群体中进行交流。因此,项目的第2课时是学生分组交流、分享研究成果,例如,除了每个组都交流了制作皮蛋和检验浸出液主要成分的整个实践探究过程,第1小组还分享了碳酸根离子、氢氧根离子、氯离子的检验方法和一般顺序,第2小组分享了设计实验方案的一般思路和基本要求:方案合理、操作简洁、现象明显、防止干扰,第3小组交流了在完成"驱动性问题2"时碰到的困难并反思了失败的原因,第4小组的分享内容与第1小组相似,但深入地思考了创新腌制皮蛋的方法……

在交流的过程中,利用自评、互评和师评等方式,不断促进实验方案和实验操作的进一步完善,还提高了学生的表达和评价能力。

三、项目评价

项目化学习的评价应该是多元且丰富的,"皮蛋加工原料浸出液中的成分检验"项目的评价包含实践中的过程性评价和最终学习成果的总结性评价,各占 50%。评价内容涉及科学性、可行性、合作性、创新性、反思性等方面。评价量表的运用,一方面可引导学生根据评价指标更好地指导自己的学习过程,另一方面也给其他同学和教师提供评价的依据。其中,自评、互评及教师评价相结合,各占 30％、30％、40％,如表 3－23 所示。

表 3－23 "皮蛋加工原料浸出液中的成分检验"项目化学习研究成果评价量表

班级_____ 项目研究小组组员_____ 评价人_____

评价指标	表现标准	分值	表现水平					
			自评	互评				师评
				小组 1	小组 2	小组 3	小组 4	
实验方案	科学性:掌握碳酸根、氢氧根、氯离子的检验方法	10						
	可行性:实验试剂和仪器选择合理,操作方法简单易行	10						
	完整性:实验方案设计详实,充分考虑检验防干扰等细节	5						
实验过程	合作性:小组成员之间分工合理,参与度高,合作学习氛围浓厚	5						
	规范性:实验过程科学、实验操作规范	10						
	实证性:实验过程真实,及时收集实验图片、视频等证据,实验现象真实可信	10						
	实验习惯:有良好的实验习惯,实验结束后清理桌面、药品和仪器放回原位	5						
实验报告	真实性:如实记录实验现象	10						
	科学性:科学、合理地分析实验现象,所得结论有据可循	10						
	反思性:对实验结果进行反思,思考失败的原因或改进实验的可行措施	5						

（续表）

评价指标	表现标准	分值	表现水平					
			自评	互评				师评
				小组 1	小组 2	小组 3	小组 4	
交流展示	真实性：实验成果汇报真实	5						
	条理性：汇报内容条理清晰，表述思维严密	5						
	完整性：成果内容汇报完整	5						
	认真倾听：认真倾听他人交流，能给予合理建议	5						
总分		100						
评价体会								

注：对照评价量表的表现标准，根据符合程度进行表现水平评价。每项满分 10 分，"10"表示完全符合，"8～9"表示大部分符合，"6～7"表示基本符合，"3～5"表示少量符合，"0～2"表示完全不符合。

四、项目反思

1. 项目实施效果

学习不是被动、机械地习得现成的知识和技能，也不是孤立地训练各种认知能力，而是在情境中围绕驱动性问题运用已有知识、能力等创造性地解决新问题，形成对核心知识和学习历程的深刻理解，在新情境中迁移运用的过程。

1）激发学生的学习内动力

本项目以学生熟悉的皮蛋的制作为载体，在学生学习和实践过程中，通过驱动性问题的引导，学生并不是按照教师指示的行动步骤逐项完成验证流程，而是在真实情境中，亲身体验解决问题的过程，既体现真实性，又具有很多不确定因素，要根据实践情况随时调整实施步骤。不循规蹈矩的学习模式激发了学生主动探究的欲望。学习的氛围更活跃了，学生的参与面和参与度都明显提升，将被动学习逐步转化为主动学习。

2）提升学生的综合素养

从引导学生动手做一枚皮蛋到探究制作皮蛋原料浸出液的成分，学生在驱动性问题的引导下，体验多途径获取信息、整理资料、团队协作制订实验方案、完成实验探究等带来的乐趣，特别是在新情境下经历从逐个检验成分到在同一浸出液样品中通过连续实验检验成分，难度逐步提升，但在新的学习模式下，更能激发学生主动探究真实问题的内驱力。不仅巩固了碳酸根、氢氧根、氯离子的检验方法，建立了设计实验方案的一般思路和基本要求，而且还在探究过程中培养了学生的证据推理能力、实验操作能力、交流表达能力等综合素养。

2. 项目化学习教学反思

在项目化学习的实践中,教师和学生都处于边学习边实践、边实践边优化的成长过程中。在设计和实施项目中难免会遇到一些困难,需要在不断的实践中继续提升和完善。

1)创设真实情境,实现任务驱动

书本上的知识不该是脱离生活实际的,只是在真实生活中被自如地运用,才能体现其鲜活的生命力和真正的价值。在学习的过程中,创设真实情境就是为了架起联通知识、符号与真实生活世界的桥梁。把知识情境化、生活化,有助于学生更容易理解、迁移、运用和解决实际问题,这也是指向素养目标的关键所在。

本案例中,教师借中国人餐桌上常见的皮蛋,先让学生通过课前查阅资料、走访市场、咨询他人等方式了解并制作一枚皮蛋,在充分调动学生的积极性后,又以"制作皮蛋的原料浸出液成分中有哪些溶质"及"如何在一份样品溶液中,通过连续实验进行成分检验"两个驱动性问题,引导学生团队协作设计实验方案并进行实验验证,巩固了碳酸根、氢氧根、氯离子的检验方法,建立设计实验的一般思路和基本要求,培养证据推理能力和实验操作能力等。

2)关注核心知识、提升核心素养

项目化学习的开展,最终落到实处的还是学生对核心知识的理解、掌握和运用。因此,在项目的设计和具体开展中切不可忽略核心知识和核心素养的培养。

本案例以研究制作皮蛋的原料浸出液成分中的溶质分析为情境和驱动,涉及的核心知识是碳酸根、氢氧根、氯离子等相关性质的复习巩固和综合运用,指向的核心素养是证据推理和模型认知、科学探究与创新意识。

学生通过各种途径获取的制作皮蛋的配料也许五花八门,但制作皮蛋的共性原料纯碱、生石灰、食盐和水是必定出现的。在两个驱动性问题的驱动下,各小组设计实验方案,对浸出液主要成分从猜测到实验验证,从逐个取样验证到连续实验验证,难度层层递进。学生需考虑的也不仅仅是碳酸根离子、氢氧根离子、氯离子的单独检验,而是综合考虑离子检验和防干扰的问题,这对培养学生在新情境下运用已有知识和技能,综合分析和解决问题的能力很有帮助。

综合而言,项目化学习是在真实的情境下,通过对驱动性问题的深入研究,运用学生的知识储备、实验技能等创造性地解决新的问题。在达到对核心知识的深刻理解和灵活运用的同时,在学习历程中也锻炼和培养了各种综合能力。教师应不受传统教学模式的束缚,大胆放手,将学习的时间和空间交给学生,能有助于学生更好地成长。

【专家点评】

本项目化学习案例以学生熟悉的皮蛋的制作为载体,情境贴近生活,具有较大的吸引力,驱动性问题真实,具有一定的挑战性。通过对皮蛋加工原料浸出液成分的检验探究,将化学的核心知识"单一离子的检验"进行了再建构,转变为"在同一浸出液样品中连续检验碳酸根离子、氢氧根离子、氯离子",并形成物质检验的基本模型"设计实验方案的一般思路和基本要求",实现了以高阶学习带动低阶学习。在项目实施的过程中,学生体验了调查研究、实验探究、小组合作、展示交流、反思评价等多种学习经历,对学生化学学科核心素养的培养得以充分体现。案例结构完整,行文流畅。

（王灿：上海市松江一中，特级教师、正高级教师）

参考文献

［1］ Thomas J W. A Review of Research on Project-Based Learning［R］. San Rafael，California：The Autodesk Foundation，2000.

［2］ Bender W N. Project-Based Learning：Differentiating Instruction for the 21st Century［M］. Thousand Oaks，California：Corwin Press，2012.

［3］ Condliffe B，et al.，2017. Project-Based Learning：A Literature Review（Working Paper）［R］. Prepared for Lucas Education Research，A Division of the George Lucas Educational Foundation. ［EB/OL］. https://s3-us-west-1. amazonaws. com/ler/MDRC＋PBL＋Literature＋Review. pdf.

［4］ 巴克教育研究所.项目学习教师指南［M］.任伟,译.北京:教育科学出版社,2008.

［5］ 上海市教育委员会教学研究室.上海市高中化学学科教学基本要求(试验本)［S］.上海:华东师范大学出版社,2017.

［6］ 夏雪梅.项目化学习设计:学习素养视角下的国际与本土实践［M］.北京:教育科学出版社,2018.

［7］ 李梅.认知视角下的项目化学习解析［J］.电化教育研究,2017(11):102－107.

［8］ 吴晓红,田小兰,蒋思雪.以培养学生 STEM 素养为目标的项目化学习设计以"爱护水资源为例"［J］.化学教学,2017(12):38－43.

［9］ 学习基础素养项目组.素养何以在课堂中生长［M］.上海:华东师范大学出版社,2017.

［10］ 张悦颖,夏雪梅.跨学科的项目化学习:"4＋1"课程实践手册［M］.北京:教育科学出版社,2018.

［11］ 刘景福,钟志贤.基于项目的学习(PBL)模式研究［J］.外国教育研究,2002(11):18－22.

［12］ 高志军,陶玉凤.基于项目的学习(PBL)模式在教学中的应用［J］.电化教育研究,2009(12):92－95.

［13］ 沈书生.学科教学中的项目融入与设计［J］.数字教育,2016(2):1－6.

［14］ 丁垚鑫.基于微项目学习的高中化学必修模块教学的设计与实践研究［D］.昆明:云南师范大学,2021.

［15］ 吕亚楠.基于学科能力发展的项目式学习在中学化学中的应用研究［D］.延安大学,2021.

［16］ 彭冠平,黄文海,刘军,等.武汉火神山、雷神山医院污水处理工程设计［J］.中国给水排水,2021(2):42－48.

［17］ 周敏,沈苹.指向深度学习品质的跨学科项目化学习实践探索［J］.基础教育研究,2021(2):16－17.

［18］ 林佩贤.基于建构主义理论培养模型认知核心素养:以初三身边化学物质复习课"构建认识物质的模型"为例［J］.新课程教学,2020(19):5－7.

［19］ 张瑞芳,吴晓红.高中化学项目化学习教学:以"水族箱废水利用"为主题［J］.教育与装备研究,2020(7):67－71.

［20］ 魏海峰,赵肖依,余海平,等,几种甲醛去除方法效果研究［J］.环境保护科学,2018(5):73－76.

[21] 刘姝瑞,张明宇,谭艳君,等.甲醛检测方法的研究进展[J].成都纺织高等专科学校学报,2016
(5):160-164.
[22] 田小兰.基于项目的高中化学 STEM 学习活动设计与实践[D].银川:宁夏大学,2018.